ベンチャー失敗の法則
失敗したヤツが成功する
Masaki Yoshida

―― はじめに ――

『ベンチャー失敗の法則』。僕がこの言葉と初めて出会ったのは、一九九八年の夏でした。

薄暗い研究室の中で、本の一節からこの言葉を見つけた僕はちょっと興奮していました。何か納得のかたまりみたいなものが、ストンと腹の中に落ちたのです。「分かった！」と大声で叫びそうでした。だって、いくら考えても考えてもたどり着かなかった答えがそこにあったからです。

「そうか、そういうことか。なんや、そうやったんや」。思わず、そう呟いていました。

僕は救われたような気持ちになると同時に、何故かとても元気が湧いてきたのです。

「失敗は法則やったんや！」。

その夏、僕は母校、同志社大学大学院の総合政策科学研究科、修士課程の一年生でした。四十四歳でも一年生は一年生です。その年の四月に社会人入試で二十年ぶりに同志社大学に帰ってきていたのです。研究課題は、ベンチャービジネスとオープンネットワークの関わりを組織論からアプローチするというものでした。修士論文に向け、研究室にこもってベンチャービジネスに関する文献を片っ端から読んでいた時、冒頭の言葉と出会ったわけです。経済学者のジェフリー・A・ティモンズ氏の『ベンチャー創造の理論と戦略』（ダイヤモンド社一九九七年）という本があります。その第一章『ベンチャー企業の失敗』の節には、こう書かれています。

「ほとんどの場合、大多数のベンチャー企業にとっては生き残ることさえ極めて難しい。政府その他の調査機関はそのデータの詳細については異論を唱えるかも知れないが、ベンチャーの起業プロセスには『失敗は法則』であり、例外ではないという点で一致している」

僕は、これを読んだ瞬間に「そうか！　ベンチャーにとって失敗することが法則なんや。失敗してナンボなんや。すると、僕が失敗したのも、法則に忠実やっただけや」。そう、悟ったのです。

僕は一度、ベンチャービジネスで失敗しています。当時、普段の僕を知る人には想像もつかないほど、深く落ち込んでいました。辛うじて倒産は免れたものの、事業を縮小し、実質的に市場から撤退した僕は、毎日「何でやねん？」「どこをどう間違ったん？」という疑問に向き合いながら自分を責めていました。「僕は事業に失敗した」「僕は経営者失格だ」と。

でも、今ははっきりこう言えます。

「失敗するのは当たり前。クヨクヨしても始まらない。大事なのは、失敗の仕方。そして失敗の後だ」と。

もう少し、僕自身の体験に付き合って下さい。

僕の事業とは、フランチャイズビジネスでした。一九八五年に社内ベンチャーとして立ち上げたこの事業は、その後、親会社から分社独立。一〇〇％子会社として業績を伸ばします。ところがその後、急速に業績が悪化し、親会社はこの事業からの撤退を決めました。しかし、僕は事業をやめることができませんでした。社内ベンチャーですからきれいに整理し、その後、親会社に戻るという選択肢もありました。

でも、僕は思いきって整理することができませんでした。自分が手塩にかけて育ててきた事業が、まるで子どものように可愛かったのと、立ち上げから苦楽をともにしてきたスタッフたちを見捨てることが、どうしてもできなかったのです。「何とかする、何とかなる」。そう自分に言い聞かせて、事業の営業権を親会社から買い取り、僕がオーナー社長になりました。そして惨憺たる結果に……。

今思えば、損害を最小限に食い止めつつ事業に幕を引くチャンスは何度もあったのに、僕自身の踏ん切りがつかず、最も酷い仕舞い方を選択してしまったのです。

事業をスタートした時が三十歳、取引関係等の手仕舞いをして落ち着いたのが三十九歳です。僕は三十代の前半を事業拡大に、後半はその事業の撤退に奔走したことになります。一店舗からコツコツと創りあげてきた店をビデオの巻き戻しのように次々と閉店していったのです。正直、非常に辛い作業でした。このような暗闇から脱するのに、十カ月という時間を費やしました。自己嫌悪と自信喪失に疲れた頃に、やっと「このままやったらあかん、何とかせなあかん」と気づいたのです。そして経営者としての自分を棚卸しする目的で中小企業診断士の資格取得に挑戦します。資格を取得後、経営コンサルタントが本職になり、少しは理論も勉強しようと大学院に進んだわけですが、ここで前述した『ベンチャー失敗の法則』に出会うわけです。

この本は、その『ベンチャー失敗の法則』を核にして僕なりのベンチャービジネス論を展開しています。僕の失敗の原因が、経営者としての未熟さにあったのは言うまでもありません。でも、この法則によって「みんな失敗する、成功している人は例外なんだ」と知った時、僕は今まで担いでいた重い荷物を肩から下ろしたような気分がしました。

「ベンチャーは失敗する」――、ここからスタートすることで、今まで解決できなかった幾つもの問いに答えを出すことができたように思います。失敗を前提にしてはじめてそれに備えることができます。そして何より失敗を恐れるのではなく、「失敗の仕方」が重要なんだと気づくことができました。

「なぜ、ベンチャーは失敗するのか?」について語り、「失敗を恐れず、恥じない」気持ちを伝え、「失敗をあらかじめマネジメントする経営のあり方」、そして「失敗した後、すみやかに再起するノウハウ」を紹介することが本書の目的です。以上のような内容をできるだけ分かりやすく、本音で語っていきたいと思います。予め言っておきますが、僕は読者の皆さんに「失敗しないための転ばぬ先の杖」を提供しようというのではありません。とんでもないと言われるかも知れませんが、皆さんに敢えて失敗を勧めているのです。

僕は起業家を目指す人たちから講演を依頼されることがあります。そんな時、ベンチャーの失敗についてこんな風に話しています。

「残念やけど、ここにいるほとんどの人は失敗します。何故かと言えば、失敗するのがベンチャーの法則であり、宿命だからです。成功は偶然であり、例外ですわ。僕も失敗しました。だから成功の秘訣についてなど話すことはできません」

でも、成功する人と失敗する人の違いは、ほとんど運だと思います。だから成功という偶然の産物は科学できませんが、失敗は研究の対象にできるし、人生の糧にだってできるんです。たとえ失敗しても、チャレンジし続ければ運が巡ってきます。僕がこれだけベンチャーは失敗すると語っても、「失敗してもいい。それでも起業したい」という若者が僕を訪ねてきます。実はそこにいる若き起業家は、二十年前の僕であり、今まさに起業しようと足を踏み出したあなたなのです。確かに賢明な選択とは言えないかも知れませんが、自分の足で立ち上がりたいという思いとリスクを恐れないあっぱれなアントレプレナー精神がそこにはあります。

失敗が法則ならば成功は例外ですが、僕はその例外が一つでも多く世に出てきてくれることを願っており、本書がそうした胎動を引き起こすきっかけになってくれれば幸いです。

二〇〇二年七月吉日

吉田　雅紀

―目次―

~はじめに~

第1章　何故、ベンチャーは失敗するのか

―ベンチャー失敗の法則とは?―

ベンチャービジネスは失敗する……12

アントレプレナーがいない……15

【Coffee Break-Vol.1】創業に至る経緯が明暗を分ける……28

環境風土が起業を妨げる……30

【Coffee Break-Vol.2】経営とは自己矛盾との戦い……36

ベンチャーゆえにハイリスク……38

第2章　失敗のケーススタディ

―企業内ベンチャーはマーケットの縮図―

マーケット環境の温室化……42

独我論に陥る……44

やる気が失敗のウィルスを見えなくさせる……49

Contents

誰でも天狗になる……54
【Coffee Break-Vol.3】ウケウリ彼氏とモノマネ彼女……56
急成長する組織の歪み……58
事業が身の丈を超えた時……63
【Coffee Break-Vol.4】苦労は買ってでもする？……66
敗北からの逃避……68

第3章　再起しやすい失敗の仕方
――失敗は失敗したヒトの宝物――

受身の練習……76
【Coffee Break-Vol.5】人と付き合うということ……82
ベンチャー受身術～七箇条……84
【Coffee Break-Vol.6】中元歳暮の極意……94
賢い幕引きの仕方……96

――リスクマネジメント――

ベンチャーにおけるリスクマネジメント……101
【Coffee Break-Vol.7】禍福は糾える縄の如し……106

● Contents ●

リスクのメカニズム……108
【Coffee Break-Vol.8】人に伝える技術……114
リスクマトリックス……116
リスクとの戦い……118

第4章　失敗経験の活用術
——失敗を棚卸しする——

失敗と成功の本質は表裏一体……124
【Coffee Break-Vol.9】T型フォードとインターネット……128
自分の弱みと対峙する……130
立ち止まらなければ何かが見つかる……132
創業はロマンとリアルの綱引きだ……136
【Coffee Break-Vol.10】『整理』『整頓』『清掃』……140
失敗の棚卸し……142

第5章　ベンチャービジネスに吹く追い風
——ひと味違うビジネスプラン——

敗者復活戦への出場条件……150

● Contents ●

「何で?」と「ほんま?」が「なるほど!」に変わるまで……152
成り行き経営から計画経営へ……156
一本釣りのマーケティング……161
【Coffee Break-Vol.11】上海パワー……166
―ベンチャービジネスの追い風―
大失業時代の到来……168
開廃業率の逆転現象……171
行政の民間による民間のための起業支援……175
【Coffee Break-Vol.12】専門バカの進化論……184
第6章　5人の企業家が語る起死回生の復活劇
●(株)イソカイ　代表取締役社長　磯貝昌信……187
●(株)タカギ　代表取締役　高城寿雄……195
●ブックオフコーポレーション(株)　代表取締役社長　坂本孝……203
●(株)日本アシスト　代表取締役社長　桂幹人……211
●プロサイド(株)　代表取締役社長　椎名堯慶……219
～あとがき～

※本書に掲載のコラム『Coffee Break』は、2000年2月から2001年6月まで、大阪産業創造館『あきない・えーど』のメールマガジン『創業はロマンとリアルの綱引きだ』で連載されていたものを加筆修正し抜粋した。加えて、本書出版に併せて新たに書き下ろしたものも含まれている。

● Contents ●

第1章

何故、ベンチャーは失敗するのか

ベンチャー失敗の法則とは？

ベンチャービジネスは失敗する

「ほとんどの場合、大多数のベンチャー企業にとっては生き残ることさえ極めて難しい。政府その他の調査機関はそのデータの詳細については異論を唱えるかも知れないが、ベンチャーの起業プロセスには『失敗は法則』であり、例外ではないという点で一致している」

（『ベンチャー創造の理論と戦略』：ジェフリー・A・ティモンズ著）

僕のところに来る講演や執筆依頼の多くが、ベンチャー企業のサクセスストーリーを語ってほしいというものだ。『成功要因』や『成功する起業家像』をテーマにして、《いかにすれば成功できるか》というヒントが聞きたいという意図があるようだが、そんな場合、「失敗の要因や失敗する起業家像ならお話しできますが…」と答えることにしている。

実際、かく言う僕もフランチャイズビジネスで失敗した経験を持っている。この顛末については後の章でじっくり書くことにするが、冒頭に挙げた『ベンチャー創造の理論と戦略』でティモンズが語っている通り、ベンチャー企業にとって『失敗が法則』であって、成功は「たまたま」でしかない。

多くの人たちは、その例外に法則はないか、定石はないかと僕に尋ねる。世の中に、成功経験を語った本は少なくない。僕自身、多くの成功者と呼ばれる経営者に会ってきたが、殆どの経営者からは「成功の要因は分からない。運ですね」などといった答えが返ってくる。「成功の秘訣は？」と聞かれて、必然性のある理由を当てはめるにも確証がないのだろう。しかし「分からない」とは言えないので、偶然の巡り合わせである運にこじつけるしかないのである。この変化の激しい時代にあって、業種や規模、地域性だけでなく、会社経営のキーとなる経営者そのものが異なる会社の成功事例にその方程式を見い出そうとしても、無理がある。死を目前にした時にしか自分の人生が幸せだったかどうか分からないように、企業にとっても何をもって成功とするかを判断するのは難しい問題だ。

株式公開を一つの成功と定義した場合、どうだろう。数字から検証してみるとする。総務省『事業所・企業統計調査』によると、一九九九年時点での日本の企業数は約六百十万社、そのうち法人が二百六十万社、個人事業が三百五十万社ある。その中で、公開・上場企業数は約三千社で全体に占める割合は〇・〇五％になる。さらに突き詰めてみると、三千社の中で社歴が十年未満の企業は一割にも満たないというのが現状だ。データを取ったわけではないが、数にして百社ほどしかないのではないだろうか。これから公開を目指す創業間もないベンチャー企業が、この〇・〇五％に入る確率は限りなくゼロに近いということになる。以上のデータからも、この本で述べようとしているベンチャーの失敗は法則であって例外ではないということをご理解頂けると思う。

しかし、ベンチャーには成功がないと言っているわけではない。現在、経済界に君臨している大企業も、創業当時はベンチャーであった。ベンチャー企業が産業を牽引し、業界を成熟させていくという構図はいつの時代にも存在していたし、雇用の創出という面においてもベンチャー企業は欠かせない。隣国、韓国では八%あった完全失業率をベンチャー企業の育成によって三%にまで引き下げている。

ベンチャー企業（中小企業）の創出、そして育成に経済活性化への活路を見出そうと、政府は支援対策の整備を強力に押し進めている。つまり、ベンチャー企業を取り巻く環境は整ってきているというわけだ。ところが、そうした潮流にベンチャー企業が今一つ乗り切れていないのは何故なのだろうか。僕はこうした現象について、ベンチャー失敗の法則を前提とした『起業家輩出阻害要因』なるものが存在しているからだと推測する。この要因を探ることは、ベンチャー企業が抱える課題点を探り、克服する方法でもあると考える。

では、この章ではその要因を探ることから始めたい。

要因とは以下の三つ。

①社長（アントレプレナー）の不足

②日本にはベンチャーを育てる風土（環境）がない

③ハイリスクである

では、それぞれの要因について、詳しく考察していくことにする。

アントレプレナーがいない

大阪弁を日本に広めたのは吉本興業だが、『ベンチャービジネス』や『アントレプレナー』という言葉を世間に広めたのはインターネットである。中でも立役者はネットバブルではないだろうか。ネットバブルについては賛否両論あるものの、僕は若い時の反抗期のように成長過程の通過儀礼みたいなものだと思っている。そういう意味では悪ではなかったし、何より、ベンチャービジネスを広く世間に広めた功績は評価したいところだ。このベンチャービジネスの主役は、アントレプレナーである。アントレプレナーとは、独創性と新規性を追求したビジネススタイルを採ることから通常の経営者とは区別されている。ただ、アントレプレナーという言葉だけが一人歩きし、本来のベンチャー起業家が少なくなってきているように思えてならない。僕がここで言いたいのは、量の問題ではなく、質についての問題である。

どれほど凄い技術があっても、どんなに素晴らしい資源があっても、それを起業機会と捉え、チャレンジする人、つまりアントレプレナーがいなければベンチャーは始まらない。僕は経営コンサルタントとして、或いはあきない・えーどの活動を通じて、ビジネスプランとアントレプレナーのミスマッチに度々遭遇する。プランは非常に頼もしい内容なのだが、プレーヤーが力不足というケースである。これらを組み換えできれば、ベンチャー企業はもっと育つに違いないと、非常に歯がゆい思いをしている。

アントレプレナー探しということで言えば、大学発ベンチャーも同様の状況にある。経済産業省が、新産業・雇用創出のための重点プランにおいて、「大学発のベンチャーを今後三年間で千社設立して産業基盤の底上げを図る」と言い出した。大学などで埋もれている技術やソフト、または研究者といった人材をもっと積極的に有効活用していこうというのだ。文部科学省でも、日本版シリコンバレーを全国に十箇所以上創出するという目標を掲げ、大学発の新産業の育成を図ろうとしている。

僕個人としては『大学発ベンチャー量産システム研究会』という一見ふざけているようで非常に真面目な研究会を、ある大学のベンチャー支援機関と一緒に手掛けている。この研究会で開発したシステムというのは、トコロテンのような仕組みだと思って頂ければ理解しやすいだろう。四角いトコロテンの筒の中に大学の技術と環境、社長、そして資金を支援する専門家並びに仕入れ先と得意先を入れ、こちらから押し出せば筒の先から大学発ベンチャーがぶちぶちと出てくるというシステムである。これは、システムは簡単だが、作るのが難しい。やはり、一番の問題は「社長の不足」である。その筒の中に入れる社長がいないのだ。社長を「探す」か「作る」かが僕の仕事だと思っており、いつもこの「社長候補」を意識して若い人を見ている。

●アントレプレナー像とは?●

では、どんな人物が、ベンチャー企業の社長になれるのか?

ここで僕がアントレプレナーだと思う人を何人か紹介する。

株式会社ウェブシャークの木村社長は、二十六歳の若手経営者。平成十三年八月に有限会社を設立、翌年の一月には株式に組織変更したという将来が楽しみな経営者の一人だ。彼のビジネス

は『電脳卸』というネット上のバーチャルな卸業である。（http://www.d-064.com）

その彼が、「吉田さん、僕はネットベンチャーというヤツが大嫌いです。なんか、投資を受けて何億っていう資本金を持っていてそれでいて赤字なんでしょ。そんなところと一緒にされたら、たまらんです。うちの会社は、へなちょこネットベンチャーをウェブ上で『食ってやる！』そんな思いでウェブシャークという社名にしたんです。だから、ネットベンチャーに対抗して『NTC』と自分達を呼んでいます。ニュー・テクノロジー・カンパニーっていう意味です」

次に、南船場発展の仕掛け人、株式会社バルニバービの佐藤社長。（http://www.balnibarbi.com）

佐藤社長は、レストランチェーンのオーナー社長。最初は資金がなく内装費が捻出できないという理由から、自分でペンキを塗って、店作りを手掛けた。ところが今やそれがコンセプトとなり、チェーン店の多くが手作りの店なのだそうだ。一号店のオープンから六年半、今では店舗も十七になり、飲食ベンチャーの先頭を走る存在となった。店舗を規格化して、多店舗展開するチェーンオペレーションに疑問を持ち、一つ一つ違った顔を持つ個性的な店づくりを心掛け、お客様はもちろん働く人にも満足してもらえる店舗経営に努めている。現在は独自の『マネージメントシステム』で新しいビジネスを切り開こうと、ファイナンス、リアルエステート（不動産）、審査、業態開発、人材開発などの必要機能を開発中だ。

そして、株式会社エルゴ・ブレインズの井筒会長。（http://www.ergobrains.co.jp）

オプトインメール『ＤＥｍａｉｌ（ディーイーメール）』（事前承諾『オプトイン』を受けた顧客にメールで情報を配信するサービス）で、株式会社エルゴ・ブレインズを平成十年に設立。（『オプトインメール』は㈱エルゴ・ブレインズの登録商標）今年二月にナスダックジャパンに公開を果たした。わずか四年でオプトインメールという媒体をつくり上げた怪物である。井筒会長と初めて会ったのは、平成九年か十年。その時、インターネットが今後どうなるか、そしてその中で自分の事業はどうなるか、といったことを話しておられた。上場記念パーティでも、「これからのインターネットの世界とエルゴ・ブレインズが目指すところ」について話題が集中した。当然、創業時と今とではできることのスケールが違うが、常に自分たちの進む方向を示そうとしている姿勢は変わらない。そのことを彼は「ベクトル」と表現する。「リーダーは常に次のベクトルを示し続けなければならない」、これが井筒会長の哲学だ。

ＣＣＧ（コーポレート・コミュニケーション・グループ）の北田社長。（http://www.ccg.co.jp）

このグループは四社と一事業部からなる企画集団。北田社長は昭和三十七年生れの四十歳。二十八歳の時、印刷ブローカーとして創業。抜群の営業センスで初年度の売上は一億一千三百万円、一千万円強の利益が出た。この利益を使って写植機に設備投資をして事業家になるか、ベンツを買って中小企業のオヤジになるのか迷ったそうだ。結果的には事業家の道を選択、その年から毎年一億円の売上アップをすると決意したという。目標ではなく決意というところが北田社長の凄いところだ。実際、ゼロから出発したものが初年度に一億一千三百万円、今年、十二期の売上が十一億五千万円、ほぼ当初の計画通りに一億円アップを十一年間達成し続けている。

最後の一人は、ヴイストン株式会社の大和社長。（http://www.vstone.co.jp）

同社は、研究開発型のベンチャーで「三六〇度の映像を一台のカメラで撮影することが可能な全方位センサ」の事業化を推進中だ。大和社長はもともと独立志向の強い青年だったそうで、三十五歳までに事業を起したいと思っていたという。そんな大和社長は知り合いの社長の紹介で、この技術と出会う。技術の持ち主は和歌山大学システム工学部教授の石黒浩氏。周囲の応援もあって、平成十二年八月にヴイストン株式会社を設立。大和社長は五年後の株式公開を目標に、現在基盤づくりに奔走中だ。

以上の五人の企業経営者に、共通点を見出すとしたらどうだろう。業種や業界、年齢や今のポジションは、アントレプレナーを理解する上では関係ないようだ。反対に共通点は、「おもしろいビジネスアイデアがある」ということになる。木村氏の電脳卸のアイデアは、電子商店のオーナーという日頃の仕事の中から生まれたものだ。井筒氏のオプトインメールは、米国にあったビジネスモデルからの着想。大和氏の場合は人との出会いがきっかけを作った。

自分で作り出したか、気づいたか、出会ったか。きっかけはいろいろだが、まず、おもしろいビジネスプランがある。そして、そのプランが事業になり得る。さらに、これは思い込みと言ってもいいが、その成功を疑わない強い信念がある。最後にそのプランを具現化するための方法を知っている。こんなところが共通項になる。

僕の思うアントレプレナー像とは、

「情熱があってリスクにも果敢に立ち向かう、どこまでも勇気のあるヤツ。

現状に満足しないヤツ。

いつも前向きに戦えるヤツ。

戦う時は大胆でも、その実、作戦は石橋を叩いて渡るぐらい慎重で常に冷静さを失わないヤツ。

若いのにバランスが取れているのはアカン。だからアンバランスなヤツ。

生意気を言ったりするが、憎めないヤツ。

ひたむきなヤツ。

人が見ていないところで努力できるヤツ」


といった感じだろうか。

ベンチャービジネスのバイブルと言われる『ベンチャー創造の理論と戦略』の中で著者のジェフリー・A・ティモンズはアントレプレナーシップを「何もないところから価値を創造するプロセスである」と言っている。

言葉を換えれば「起業機会を作り出す」ということになる。起業機会とは起業するための条件が整っているという意味ではない。資源の有無にかかわらず、なければ、自分たちで調達するということである。僕は本当によくできた解説だと思うので、参考にして頂ければと思う。

『ベンチャー創造の理論と戦略』より抜粋

「アントレプレナーシップとは、実際に何もないところから価値を創造する過程である。言い換えれば、起業機会を作り出すか、適切にとらえ、資源の有無のいかんにかかわらずこれを追求するプロセスである。また、価値と利益を定義・創造し、個人、グループ、組織および社会に分配する。アントレプレナーシップにおいて、短期間に一攫千金を狙うようなアプローチは極めて稀である。むしろ、それは長期的な価値の創造と継続的なキャッシュフローの形成である。アントレプレナーシップは、本質的に人間の創造的プロセスである。単に外部から観察、分析し、報告書を作成することではなく、人的エネルギーを集結し、事業を創造し、組織を作り上げる作業である。アントレプレナーシップは確固たるビジョンを確立し、ほとばしる情熱、コミットメント、動機付けを持って、パートナー、顧客、取引先、従業員、資金の供給者などの利害関係者にそのビジネスを納得させるものである。また、個人的、経済的にも計算されたリスクを負い、そのリスクを極小化すべく最大限の努力を惜しまない。補完的能力を備えた経営チームを編成し、第三者からは混沌、矛盾、混乱としか見えない起業機会を察知し、必ずしも自分が所有するとは限らない経営資源を利用して、自らが信じる起業機会を追求する。そして、何にも増して重要なことは、その成長段階で最も重要な時期に資金繰りに失敗することのないよう、細心の注意を払うことである」

●志があるかないか●

一番簡単な失敗回避法は、自分の実力より小さなビジネスを選ぶことだ。

少し抽象的な説明になるが、小学生が大学生や院生のビジネスを選ぶから失敗するわけで、大学生が小学生のビジネスを選べば失敗しないというロジックになる。これはプレーヤーの実力とビジョンとの関係であり、プレーヤーの実力とは経営力とかネットワークの広さとか、経験を言う。ビジョンとは、そのビジネスの到達点である。

「メシが食えればいい」から「世界を制覇してやる」まで思いは様々だが、実力のない人が世界制覇を目指せば失敗する。単純な話、「実力不足」というわけだ。

ところが、この「簡単なビジネスを選びなさい」というのが難しい。今の日本ではメシを食うために独立しようという人はいない。メシを食うためなら、サラリーマンやフリーターでも充分であり、「独立」などという茨の道をあえて選ぶ必要はない。ところが、その茨の道の中でも、最も険しい道を選ぼうとする起業家がいる。何故かと言うと、そこには自己実現の欲求があるからだ。自分の存在価値を確かめたいとか、自分とは何かを知りたいとか、本当の実力を試してみたいとか、そんな思いがあるから、どうしても目標を高く掲げる。特に若い人にこの傾向が強い。つまり「思いが勝ちすぎて、商売を忘れる」ことになってしまう。そういう志向性は、失敗の確率を高める要因となる。とは言え、やはり「志」がないヤツは独立などしない方がいい。

「実力以下のビジネスを選ぶような安全圏で生きていてどうするんだ」という思いと、「実力以下のビジネスを選ばないと失敗するぞ」という二つの思いが僕の中にもある。ただ、僕は志なく夢を掴んだという例を知らない。

●シニアSOHOの失敗要因●

先日、SOHOをテーマにした月刊誌の編集の方と、シニアSOHOについて話をする機会があった。

僕は、これでもSOHOである。自分の会社、ベンチャー・サポート・ネットワークは自宅の一階がオフィスになった歴としたホームオフィスだ。一九九六年からSOHO支援サイト『SOHOWEST』のメンバーであり、この団体が母体となった後の関西ソーホーデジタル・コンテンツ事業組合の設立メンバーでもある。こういう経緯から、SOHOのことなら少しは語れるつもりである。

今という時代はシニアには厳しい環境である。四十代から上の世代は終身雇用を暗黙の条件にサラリーマンになった。ところが、社会のルールが変わり、定年まで働いてあとは悠々自適の年金生活とはいかなくなった。サラリーマン安泰のシステムは崩れ去り、代わりに容赦ないリストラがやってきたのである。早期退職の口車に乗って会社を辞めてしまう人がいれば、意思に反してリストラされた人もいる。その内の何人かが、創業を考える。そこで一番手軽だということでSOHOを選択する。もちろん、シニアSOHO＝リストラ組というわけではないが。

僕のところに相談に来るシニアには少なからず、そうした理由でSOHOを選択しようとしている人がいる。ところが、若い人の創業とは違い、「やってみなはれ」とはなかなか言えない。言えない理由にはいくつかある。

①前職の経験は創業の糧にはならない

シニアSOHOは概ね、前職と同じ業界で創業しようと考える。ほとんどの人が「僕はこの業界しか分からない」とか、「他の事はできない」というのだ。事業に関する話を聞いてみると、本当にその業界が分かっているのか、事業を興すだけの技量なり器量があるのかという疑問が残る。

これは僕の独断だが、彼らの勤めていた会社は負け組ではなかったのだろうか。リストラを実施しているとすれば、少なくとも右肩上がりに売上げを伸ばしている会社ではない。中には会社が倒産して失業したというケースもあるだろう。その負け組の会社で二十年も勤めていたということは、今の世の中に通用しない教育と文化の中に二十年いたことにならないだろうか。そんな人に限って「僕はこの業界に二十年いますから、裏も表も知っています…」などと言う。

それは強みではなく、弱みでしかないことに気づいていない。業界そのものが構造不況業種だったり、パイが縮小し、淘汰される古い業界に参入して未来があるとは思えない。ダメな業界のダメな会社に二十年も勤めていて、ダメな会社のやり方をそのまま踏襲する形で独立すれば失敗は目に見えている。このような場合、背負っているものを一旦横に置いて、真っ白な状態で方向性を模索することが大切だ。

②経営スタイルにこだわるな

「まずは株式会社を設立して…」、というように形から入る人がいる。僕が「何故、株式会社である必要があるのですか」と聞くと、「何故って？　仕事をするには会社がいるでしょう」と言う。これが二十代の若者ならば、「ばかもん！」と一喝するところだ。

また、こんな話もある。同年代くらいの男性と一緒に訪ねてきて、会社を興すにあたって、その男性に営業部長になってもらおうと思っているというのだ。自分一人の飯が食えるかどうかも分からないのに営業部長とは、と閉口した。営業から経理と何から何まで自分でやる、それほどの覚悟がなければ創業などできない。いや、してはいけない。それはシニアに関係なく言えることであるが、カネは儲けてから使う。人は売上げを用意してから採用するものだ。

③意思決定の遅さが失敗を招く

あれこれと考えすぎて意思決定にスピードがないというのも、シニア起業家に共通した傾向である。これもサラリーマン時代に自分のリスクで何も決めたことがないというのが、災いしているようだ。この契約書に判子を押したら、今すぐ自分の財布から百万円が消えることになる。そんな経験がないので、意思決定が遅いのである。

いつまでも創業準備をしている人がいる。いつ会っても「準備中」だ。あの「準備中」の札がいつ「営業中」にひっくり返るのか楽しみだが、一生ひっくり返らない方がその人にとっては幸せなのかも知れないと思うことがある。しかし、既存マーケットにニッチを見出すことで成長性を期待するベンチャービジネスの場合、創業スピードが要求される。タイミングを逸してしまうと、せっかくのビジネスプランも市場ニーズから取り残されることになるのだ。

●ネットワークの不足●

ベンチャーを目指そうという起業家にとって、一番致命的なのはネットワークがないことである。

僕は独立に際して、支援してくれる人が最低三百人は必要だという自説を持っている。「独立しました」のご案内が三百通出せるなら、まあまあ大丈夫というのが僕の目安だ。だから、三百人いないという人にはまず、そのネットワークを作りましょうとアドバイスしている。

「私の名刺入れにはこの二十年間でお付き合いした一万人の名刺が入っている」と言った方がいた。ところが、名刺の数＝ネットワークという公式にはならないのが起業である。ネットワークの価値は本来量と質で測られるものだ。質の高いネットワークを数多く持っているのが一番いいわけだが、これは大企業の取締役クラスの人をどれだけ知っているかという意味ではない。力のある人を知っているに越したことはないが、その人とどのような関係が築けているかという「質」が問題なのだ。

僕を例にすると、僕は今、あきない・えーどの所長をしているが、他に有限会社ベンチャー・サポート・ネットワークの代表取締役の顔を持ち、関西ソーホー・デジタルコンテンツ事業協同組合の理事でもある。通常、人は僕のことを自分に都合がいいように認識する。ある人は、あきない・えーどが大阪市のサービスなので、僕のことを大阪市役所の人だと勘違いしている人がいる。その人の認識は「大阪市の吉田さん」となる。ある人は「あきない・えーど所長の吉田さん」そして、ある人は「関西ソーホーの吉田さん」「ベンチャー・サポート・ネットワークの吉田君」「コンサルタントの吉田君」「うちの顧問の吉田先生」「同僚だった吉田君」「同級生の雅紀」「甥の雅紀」「従兄弟の雅紀」「息子の雅紀」などなど。

僕の姉が僕を人に紹介するのに「あきない・えーどの所長をしている、弟の雅紀です」とは紹介しないだろう。「弟の雅紀です」と紹介する。この「○○の〜」の○○部分は、相手と自分との関係性を表しているわけだ。自分との関係性を確認するには、電話での会話やハガキの案内を想像すると分かりやすいだろう。僕は、あきない・えーどの所長として名刺交換をする時、「あきない・えーどの吉田です」という言葉を添えている。相手は名刺を見て、まずは社名、次に肩書き、そして個人名の順にインプットする。名刺を受け取った相手にとっては社名と肩書きが一番大切で、個人の名前が吉田でも、上田でも、何でもよかったりする。つまり、社会的な意味合いが強い関係の場合、名前は識別のための記号になる。逆に、僕個人との関係性が深い場合は、吉田が勝って、肩書きは単なる記号となるわけだ。

あなたは、届いた案内ハガキの差出人にまったく覚えがなくて困ったという経験はないだろうか。ハガキには「○○商事株式会社　代表取締役　大阪太郎」と書かれている。どこかで名刺交換したのだろうが、社名には記憶があっても顔が思い出せない。

名刺の値打ちとは殆どが、これくらいだと思っていい。要は、そのような名刺を一万枚持っていたとしても、創業の役には立たないということである。会社を興して経営者となれば、経営者=会社となる。会社を離れれば社名や肩書きは単なる記号となる。もし、創業を考えているならば、会社の名刺を捨てて、社名のない個人の名刺を作ることをお勧めしたい。その名刺を持って、町に出てみよう。

またネットワークの中で最も重要になってくるのが、古くからの仲間である。仲間は、大切にしたいものだ。彼らは、親兄弟、親戚と同様、得がたい良質のネットワークである。創業を支えてくれるのは、このような肩書きを単なる記号と思ってくれている人達のネットワークなのである。

Coffee Break Vol. 1

創業に至る経緯が明暗を分ける

仕事柄、色々なビジネスプランを見る機会があります。ビジネスプランと言っても色んなレベルのものがありますが、アイデアレベルと事業計画書レベルの二つに大別できます。

アイデアレベルのものは、「おもしろそう」「ニーズがありそう」ってレベルですから、数字の裏付けはありません。立上げ資金の算出も大雑把で何千万円・ぐ・ら・いとしか読んでいませんし、当然、売上予測についてもしっかり計算された数字はありません。それに比べて、事業計画書レベルのものは、三カ年の予測損益や各年度の具体的施策、ランニングコストの算出など、すべての事業活動が数字で裏付けされています。

ビジネスプランを評価する人間は、事業活動とその裏付けになる数字を見比べて、その実現性や予測精度、矛盾点をチェックします。「この売上の根拠になっている成約率五%は読みが甘い」、などと分かったようなことを言うわけです。でも、すべてのプランはアイデアからスタートするので、最初から数字が裏付けできているわけではありません。その数字で評価できない、アイデアレベルのプランを評価するポイントが、「創業に至る経緯」ということになります。

「何故、この事業をやろうと思ったのか」。平たく言えばこういうことです。この創業に至る経緯に、起業家がその事業をやる必然性、起業家の強みが表れていないといけません。「強み」とは他と競争して勝てる力です。

たとえば、「インターネットでパンを売る」という事業をA君とB君の二人が考えているとします。A君はあるコンピューターメーカーの技術者でしたが、実家の中堅ベーカリーの後継者となるべく退社し家に帰ってきました。でも、そこで商売が大変な状況であることを知り、ビックリします。商品や材料は、既存のルートで安定供給されますが、問題は販路です。そこで、新しい販路を開拓するためにインターネットでのビジネスを考えました。コンピューターメーカーで培った人脈をフル動員して、B2B（企業間電子商取引）のサイト立上げを計画したのです。

さて片やB君、彼も同じようにパン屋さんのサイトを考えています。でも、本人はインターネットの知識はありません。ただ単に、どこでもインターネットが話題になっているし、あまり資金が要らないと人から聞いたのが動機のようです。パンについても食べるのが好きというだけで、業界情報といった知識に関しても皆無です。

さて、A君とB君、どちらも数字の組立てはありません。どっちが成功しそうでしょうか？　答えは歴然です。A君ですよね。何か競争に勝ちそうでしょ。でも、僕のところに持ち込まれるプランは、B君タイプが意外に多いのです。

創業を考えているあなた…、

あなたのプランには、自分の強みが入っていますか？

あなたがやる必然性はありますか？

「……。」

ひょっとして、あなたはB君では？

環境風土が起業を妨げる

●日本の風土にベンチャーは育たない●

海外との比較研究の専門家ではないので他の国のことはあまり詳しくないが、創業支援を行っている中で、ビル・ゲイツとまではいかないにしても、若手の有望な起業家がもっと輩出されてもいいんじゃないかと歯がゆい思いをする。米国では一番優秀な学生はアントレプレナーとして起業し、その次に優秀な学生は大企業に就職するなどと言われている。日本では逆さまどころか、起業は一番遠い選択肢となっているようだ。みんなそれなりの就職先を見つけて働いている。

この違いは何か。環境、或いは文化そのものの違いと言った方がいいのかも知れない。

①日本人的価値観の中のベンチャーの位置付けとは?

ある国立大学の情報系の研究室の学生三人が、ベンチャーを立ち上げようとした時の話である。研究室の指導教授はそのことを学生から聞き、無謀な計画だと真っ向から反対したという。毎年、卒業生を大手企業に推薦していた教授は、彼らにも就職を斡旋する予定でいたが、学生達は就職もしないで事業を立ち上げるというのだから教授が驚くのも無理はない。全く理解できない学生達の行動を必死で止めようとした。親たちにとっても、起業は真っ当な進路とは思えないらしい。ここまで大事に育てて、大学院にまで行かせて、これで安定した会社に就職してくれれば一安心と思っていたところに、「就職しない。自分たちで会社を創る」と言い出したものだから、親にとっては寝耳に水、当然猛反対というわけだ。

また、ベンチャーは結婚にも障害をもたらすようだ。大手食品メーカーに勤めていた青年が会社を退職、ベンチャービジネスを立ち上げようとしたが、それを機に彼女の親の態度が急変、結婚を反対されているといった話を聞いたことがある。一流大学に入って有名企業に就職すれば、将来有望な青年だが、ベンチャービジネスにチャレンジすると言った途端に「どこの馬の骨か分からない」ということになる。

高度成長期を経て、今に至る戦後の日本では《同質》であることに価値があった。良い学校を出て、一流企業に就職して、二十代で結婚して、子どもを持ち、車が一台、郊外にローンで家を購入、そして定年まで働いて退職金と年金で余生を楽しむ。多くの日本人はこうした生き方を目指してきたし、それ以外の生き方を否定してきたと言っても過言ではないかも知れない。

前段の教授や彼女のお父さんにこのような指摘をすれば、きっと「そんなことはない。人生は色々なんだから…」と語尾を濁し、その言葉の後に「だけど、うちの子はまともな道を歩ませる」と言葉が続くのではないだろうか。つまり、日本人は「人生色々」と言いながら、実はそうは思っていない。右に倣えが一番安心なのだ。これが日本の環境である。

僕自身も自分の甥から、会社を辞めてベンチャーを立ち上げたいと思っているなどと相談されれば、「やめとけ」と引き留めるに違いない。会社を辞めることに反対し、創業に反対する。僕は今、四十八歳だが、これくらいになると事業に失敗して連絡が取れなくなった友人が何人か出てくる。今の日本で創業することと、サラリーマンを続けることを比較すれば、どう考えても、サラリーマンでいる方が安全なのだ。そして、「あのな…、世の中はそんなに甘くはないよ。分かったか！」と締めくくる。創業には高いリスクがあることを僕たちは理屈ではなく、感覚で知っているのである。

②失敗したというレッテル

中小企業庁の資料によると、アメリカでは破産した後、再び就業しているケースが八十八%、そのうちの五十三%が経営者に復帰しているというデータ（アメリカ中小企業庁《フュレンバウム＝マクニール実施》『破産の機能』参照）が出ている。さらに、破産企業を経営する前にもいくつかの企業を経営し、破産後もすぐに別のビジネスを始めている経営者さえ少なくないという。日本の場合、破産企業を経営する前にも会社を経営しており、破産後も経営者となっているケースは、全体の一%。破産後再び経営者として復帰したケースはわずか十三%だ。この日本とアメリカの数字の違いはどういうことを意味しているのか？

数字の差は、失敗しても再起できる土壌があるかないかを示している。日本人は、一度失敗すると会社経営など二度としたくないという人が多いのだろう。

一つには日本の融資制度に原因があると考える。日本では中小企業や個人が銀行から融資を受けるには個人保証が必要となる。第三者の保証や担保がいらない制度融資はいくつかあるが、そのような制度融資でも融資を受ける個人もしくは融資を受ける法人の代表の個人保証が必要なのだ。

つまり多くの場合、事業に失敗するともれなく個人も破産することになる。事業の失敗と個人の失敗がイコールでつながっているのが、日本のシステムというわけだ。このシステムでは、経営者は個人的な資産を失い、さらに多額の借金を背負うことになり、再起するにも経済的な体力が全く残っていないというケースが多いのである。

また、周囲に迷惑をかけずに事業を整理することができればいいが、そうもいかないケースが殆どだ。従って、経営者は家族と共に肩身の狭い思いをしながらの隠遁生活を送ることになる。周囲からはまるで人生の落伍者という目で見られ、新しく事業を立ち上げようとしても信用の裏付けは非常に難しく、取引会社が相手にしてくれない。日本人は他人の失敗に寛容になれないという気質がある。

そこで、文化・風土を変革していく必要がある。それにはまずベンチャーを活性化させ、再起しやすい制度を整え、再生の成功事例をどんどん増やしていくしかない。ベンチャーの「多産サイクル」が当たり前になった時、ベンチャービジネスが盛んになる環境が整ったことになるのではないだろうか。

●ベンチャー教育がない●

本書を執筆している同じ時期に関西学院大学で講義を持つことになった。講義のテーマは、ベンチャービジネス概論で、授業の成果としてビジネスプランを書き上げてもらうことになっている。

僕は、ベンチャービジネスとはサイエンスを駆使したアートだと思っている。その最初の作品がビジネスプランであり、僕はこの授業をアントレプレナー教育と位置付け、『実学で学ぶ』をコンセプトにカリキュラムを組んだ。今、マーケットで活躍するアントレプレナー四人とキャピタリストなど支援者六人のトータル十人をゲストスピーカーとしてお招きした。ここで新しくて古い命題「アントレプレナーは教育できるか」にぶつかる。結論から先に言うと僕は「教育できない」と思っている。

他のスキルと違って、アントレプレナーシップとは、もともとDNAに組み込まれているものであり、いくら整った環境の中で教育したとしても身に付くものではないと思っているからだ。それなら、何故、教育できないと思っている僕が関西学院大学の講義を『アントレプレナー教育』などと称しているのかと、不思議に思うかも知れない。それはアントレプレナーは育てることができないが、学生たちの中にあるＤＮＡに気づかせることはできるのではないかと思ったからである。

アメリカでは千数百社の大学発ベンチャーがあり、ある意味、アメリカ経済を活性化させてきたと言われている。今、政府は大学発ベンチャーの創出に力を入れている。未来の、或いは今を担うアントレプレナーの輩出、並びにイノベーションとしての役割を期待しているのだ。それには産・学・官の連携が前提にあると考え、平成十年『大学等における技術に関する研究成果の民間事業者への移転の促進に関する法律』という長い長い正式名を持つ、いわゆる『大学等技術移転促進法』なるものを制定した。昨年のデータではあるが、既に二十機関が承認されており、大学発の産業界への技術移転によるライセンス件数は五十九件、本法律を活用して創業したベンチャー企業数は五社となっている。走り出して間もない法律ゆえに、これからが期待されるところだ。今後は、大学側、そして産業界側が互いにそれぞれの必要性に気づき、連携をとっていくことが求められてくるだろう。

本書の第6章にご登場頂く、ブックオフコーポレーション（株）の坂本社長は、実戦に基づいたアントレプレナー教育の必要性を感じたことから、『学生ブックオフ』を創設。資金提供も含めたバックアップを積極的に展開中だ。僕は、こうしたムーブメントが、歴史のある上場企業ではなく、ベンチャー起業家から発信されていることに非常な喜びを感じた。

「みんなと一緒は嫌だ。みんなが僕と一緒になればいい」、こんなことを漠然と考えている変わり者が、アントレプレナーのDNAを少なからず持っているはずだ。仲間といる時、気がつくといつも先頭を歩いているような、生意気で先輩としょっちゅう喧嘩しているヤツ。そんな学生達の中にアントレプレナーのDNAがきっと組み込まれている。それを呼び覚ますのが、僕のアントレプレナー教育の目的である。本来ならば、高校生、いや、小学生からアントレプレナー教育をしなければならないところである。現在、小さい動きながらもアントレプレナー教育を授業に盛り込んでいる学校も出てきた。ただ、優劣をつけないという初等教育方針が大前提にあるので、基本的カリキュラムに組み込まれるのはいつになるのかは分からない。もしも僕にそんなチャンスを与えてもらえるなら、是非ともチャレンジしてみたい仕事ではあるが…。

百人のアントレプレナーがいたとすれば、そこには百通りのビジネスプランがあることになる。アントレプレナーの数だけビジネスプランが存在するわけだ。それはそれぞれの顔かたち、性格が違うように個性そのものと言っていいだろう。この個性豊かな生き方を社会全体が認めていく風潮をつくらない限り、日本でアントレプレナーが育つことは難しい。みんなが判で押したように、いい大学から大企業を目指すのとは正反対のことを求めているのだから。ただ、そうした変革を進めていくことは、ベンチャービジネスが生まれやすい土壌をつくることになると思っている。

Coffee Break Vol. 2

経営とは自己矛盾との戦い

中小企業の社長というものは、時としてとんでもないことを言い出すものです。「どんどん売って、どんどん利益を上げろ！」なんて。通常は売上と利益は反比例する関係ですから、回転率が上がれば、粗利益率は下がるもの。このバランスを指数化したのが交叉比率ですよね。そんな屁理屈を知っている小生意気な社員が「社長、量を販売しようとしたら、相手は値引きを要求してきます。利益を犠牲にして売上を取るか、売上を犠牲にして利益を取るか、どちらかですよ」なんて言います。ところが社長は「あかん、どっちも取れ、今のうちの会社にはどっちも必要や！」なんてむちゃくちゃ言います。

僕はこの小生意気な社員が経営者になったみたいなもんですから、むちゃが言えない社長でした。「Aやろ、Bやろ、だからCなんや、分かるな？　だから、やらなあかんことはDや、そやろ？　よっしゃ、行け」こんな三段論法的説得は得意なんですが、「何が何でもやってこい」なんて理論的でないものを人に説得するのがメッチャ苦手です。だから、巨人の星の星一徹に憧れてしまう。僕もちゃぶ台ひっくり返したい。「理屈やないんや！」って叫んでみたい、と思うのです。僕は自称理論家です。「理屈っぽいヤッやなぁ～」なんていつも友達から言われていましたが、勝手にこの「理屈っぽい」というのを自分の頭の中で「論理的」と解釈していました。その僕にとって「自己矛盾」って言葉がとんでもなく怖い時期がありました。議論している時に「吉田さん、それって自己矛盾起こしてるよ」なんて言われると、先手を打たれたようで後の言葉が続きません。「ゲェ…自己矛盾…こりゃいかん。なんで、なんで、何処が矛盾してるん？」と、急に低姿勢になってしまいます。どうも自称理論家は自己矛盾に対して強迫観念を持っていたようです。僕にとっての自己矛盾は、計画通りにできないことに象徴されていました。言ったことができない。それは自己矛盾を起こしていることになると…。事業計画書とは経営理念から方針、事業ドメイン、利益計画を矛盾なく整合性をもって作られているものです。しかし、それは紙の上の話で、現実にはまったく違うことが起こったりします。それを、自己矛盾だと思っていたのです。自己矛盾＝悪。

しかし、経営って自己矛盾との戦いみたいなところがありますよね。会社が成長するということは新たな課題を生み、それを解決することです。一歩前に出たら体のどこかを何かにぶつけるのが経営です。そして、新たな課題は矛盾を生みます。先ほどの利益と売上の相関なんかもそうです。でも、企業には両方必要です。社員の利益と会社の利益は本当に両立するんでしょうか？　給料が安ければ会社は儲かる。高ければその分利益を削ることになる。仕入先と得意先、この二つの利益も矛盾します。しかし、どこかにバランスがあるんです。でなければ、ビジネスは成立しないことになります。しかし、真正面から矛盾と戦ったら負けてしまいます。矛盾をなくすことはできません。よく、潔癖症の人がバイ菌のいないところで暮らしたいと言いますが、バイ菌が生息できない環境では人間も生きることができないって言うでしょう。それです。残る手は「矛盾もよし」とすることです。「自己矛盾の何処が悪いねん」と居直りましょう。経営者諸君、たまにはちゃぶ台ひっくり返そうじゃありませんか！

Coffee Break

ベンチャーゆえにハイリスク

政府の認識であるが、一九九九年秋に出された中小企業政策審議会答申の中で、中小企業庁はベンチャー企業を『急成長志向企業』と表現している。そして、その特徴を《経営者が起業家精神に富み、果敢に自らリスクをとりながら、知識集約的な事業を展開する企業である》と説明している。

そのリスクとは、事業に新規性・独自性が必要であり、その新規性が競争優位の源泉とならなければ高収益が見込めないというベンチャーのビジネススタイルそのものである。

●ベンチャービジネスにお手本はない●

世の中にない商品やサービス、或いは組合わせや改善から生まれるというのが新規性の定義である。

実は、世の中の新規性の九〇%が後者のパターンである。新しい技術でも今までにあった技術でも構わないが、その技術を今までにない使い方をして「新しい価値」を生むならそれは新規性があるということになる。つまり、既存のサービス・商品であっても著しくコストダウンができているとか、著しく品質をアップしているかといったことになる。「回転寿司」を思い浮かべて頂くと分かりやすい。寿司自体には何の新規性もないが、回して提供するというサービスの提供の仕方に新規性があるわけだ。これは寿司という既存商品とベルトコンベアという既存技術の組合わせで成り立っている。この組合わせによって、低価格とエンターテイメント性という新しい価値を生み出したわけだ。

新規性を追求するということは、つまり、今までにない事業であるということが求められる。世の中に存在しない事業であるから、当然ニーズが顕在化していない。

従って、

顧客が本当にいるのか？

どれくらいの品質とコストならば顧客が満足してくれるのか？

どんな方法で顧客にアピールしていくのか？　etc.

何も分からない手探り状態でスタートすることになる。つまり、仮説だらけで、走ってみるしかそれらを知る術がないのだ。起業家は限られた資金の中で新商品を作り上げ、それをマーケティングしようとする。ほんの小さな成功からその要因を引っ張り出し、その成功事例を拡大して次のステップに進む。しかし、商品そのものの完成度が低い場合も少なくなく、常に改善が必要になる。

マーケットを見つけて、それを育て、品質改善を繰り返しながら、新しいマーケットにチャレンジするのである。このように常に体力も技術も、資金も人材も、ギリギリのところで前に進んでいるのがベンチャービジネスだ。そんなベンチャービジネスが、どこかでつまずいて失敗することなど容易に想像できるのではないだろうか。

つまり、ベンチャービジネスにはお手本はないのである。

●成長スピードに取り残される経営者●

急成長とはどれくらいのスピードを言うのか、僕なりに考えてみた。

サービスインから三年目の決算を基準年度として、四期目以内での株式公開が基準になるのではないだろうか。これはゼロからスタートして最短距離を走ったことになる。株式公開はあくまでその企業の戦略的課題であり、株式公開だけを見て成長スピードを計ることはできないものの、成長過程の一定の目安ということだと判断して頂きたい。

公開市場は店頭しかなく、新興市場が存在しなかった二〇〇〇年以前は、創業から株式公開までの平均期間は、約二十年であった。時代が違うと言われればそれまでだが、これまで二十年を費やしてきた成長スピードを五年にしてしまうのがベンチャービジネスである。既存の業界に新規性でもって斬り込んでいくベンチャーが生き残り、成長していくにはスピードが求められるというわけだ。ただ、スピードが求められるがゆえに、ややもすれば事業の拡大に組織と人の成長が追いつかないという現象が起こる。

僕はその中でも一番追いついていないのが、起業家の経営力だと思っている。自分の身の丈を越えて、事業がどんどん大きくなっていく。最初は背伸びをして何とかついていくのだが、しまいにはつま先が地面から離れ、事業スピードに経営者としての能力が追いつかなくなる。ネットバブルと言われた時代がまさにそういう状況であった。ベンチャー企業の急成長をもたらしたのは、起業家を取り巻くベンチャーキャピタルや金融機関、証券会社といったサポーターの求心力によるものが大きかったのではないだろうか。

周囲からはやし立てられ、祭りの舞台に上がったはいいが、必死に踊っているうちに周りが見えなくなっていく。

そして、スピードについていけなくなった起業家は、祭りの後に一人取り残されることになる。

第2章

失敗のケーススタディ

企業内ベンチャーはマーケットの縮図

マーケット環境の温室化

最近、企業内ベンチャーの育つ環境がマーケットの縮図のように思えてならない。確かに、昔は違った。社内で何かをするのと、独立した個人がマーケットで戦うことには歴然とした違いがあった。当たり前の話だが、社内は温室でマーケットはジャングルである。しかし、最近はマーケットが社内の環境に近づいたような気がする。その意味で、僕が経験した社内ベンチャーの失敗例も皆さんが「失敗を認識する」上で役に立つのではないかと考えた。

つまり、こういうことだ。社内環境もマーケットもベンチャービジネスを育成するインキュベーションと考えれば分かりやすい。昨今ではこの二つのインキュベーションが、同質化してきている。ビジネスプランやアントレプレナーに可能性があれば協力者が集まってくる。先程サポーターという表現を使ったが、彼らは知恵、金、情報を先行投資してくれるし、プランを発表する場もいくらでもある。そして、新興市場の登場でキャピタルが投資しやすい環境になり、金も集まるようになった。そういう意味で、マーケットは温室になりつつある。

一昔前は、マーケットというジャングルで生き残るには「本物の実力」が必要だった。だから、生き残った企業にはそれなりの実力があると判断してよかった。今は違う。資本金が一億円でもよちよち歩きの企業はいくらでもある。

勘違いしてほしくないが、僕は温室化するマーケットを批判しているわけではない。どちらかと言えば賛成派だ。ベンチャービジネスが育つマーケット環境が整うということは、志ある若者にチャンスが広がるということだ。ジャングルのままで放っておくと、進化に時間がかかり過ぎ、結果的に日本では生き残れないことになりかねない。従って、ベンチャービジネスが育つ環境の整備は必要であり、実際、その中から有望なベンチャービジネスが生まれているのである。

僕が一九八四年に社内ベンチャーを立ち上げた時、ビジネスプランの発表会は役員会という場だった。社長以下役員達はビジネスプラン・コンテストの審査委員であり、投資家であり、メンターであった。僕のビジネスプランはめでたくトップ当選。すぐに支援体制が作られ、財務部、法務部、経営管理部、経営企画室、情報システム部から若手のバリバリがプロジェクトに参画してくれた。社内での推進役は当時の社長室室長であった。彼の一声で必要なリソースは何でも揃った。

僕の社内ベンチャーはこうしてスタートし、そして失敗する。

当時の社長室室長が社内で必要なリソースを集めてくれたのと同じことが、今、マーケットで起こっている。あるアントレプレナーがどこかのビジネスプラン発表会でビジネスプランを発表すると、僕たちのような支援ビジネスのメンバーがそれを聞いて「うむ、これは化けるかも」と彼にコンタクトする。話はとんとん拍子に進んでチームができ上がる。監査法人に主幹事証券会社、ベンチャーキャピタルに弁理士、弁護士、そして経営コンサルタントといった面々である。彼らのバックアップで、このベンチャービジネスはスタートする。しかし、いい結果が待っているとは限らない。これだけの環境が整っているのにほとんどの場合、失敗する。失敗は法則だから失敗するのはいい。問題は失敗の仕方である。この失敗の仕方が、社内ベンチャーに似てきている。ジャングルでは力以上のことができないから、成功も身の丈なら、失敗も身の丈。しかし、環境が整いすぎると、身の丈以上の失敗をしてしまう。この失敗は将来有望なアントレプレナーを一人、ビジネス界から葬り去ることになる。

僕の社内ベンチャーは見事に失敗した。今思えば失敗するようにできていたように思う。しかし、それが、本人である僕は当然として、この事業に協力してくれたメンバーにも分からなかった。正確には、最初は分からなかった。この章でお伝えしたいのは、僕の失敗体験と僕なりの結果分析だ。そして今の僕なら…という「その対処法」である。

最初に言ったが、これは社内ベンチャーだけのことではない。マーケットにいるアントレプレナー達も同じ失敗を犯すのである。

独我論に陥る

「何故、僕はポムアレーに失敗したんだろう?」、今でも時々考える。

『ポムアレー』とは、僕が社内ベンチャーとして手掛けた新規事業の名称だ。別に後悔しているわけでも、昔のように自分を責めているわけでもない。ただ、もう少しうまくできなかったのかと思うと少しだけ残念である。一九八三年当時、僕は二十九歳、大阪の照明・家具メーカーの株式会社K社の家具事業部で学習家具担当のプロダクト・マネージャーになって三年目を迎えていた。学習机とは、小学校に入学の時に買う商品である。僕は事業部の中で子どもに一番近いところで商品の開発をしていた。それもあってか事業部長からベビー家具の開発を研究するように課題をもらっていた。ただ、ベビータンスを開発するだけではおもしろくないと思っていた僕は、子どもの生活を提案するショップの展開を考えた。これが事業部長に認められて、新規事業として取り組むことになる。

●独我論①――一人で作り上げたビジネスプラン●

翌年、僕はその新規事業の担当となって、マーケットリサーチとビジネスプランの立案に専念した。当時のビジネスプランの表紙には『ベビーマーケットにおける業態店開発』と手書きの表題がついていた。このビジネスプランは三十ページに及ぶ大作だが、全部手書きである。僕の事業部には当時ワープロがなかった。

忘れもしない。その年の十二月二十九日、本社で役員会があった。業務は二十八日で終わっていたが、静かな本社に役員達が集まっていた。僕はその時初めて役員会というものに出席した。議題が進み、僕の番が来た。司会者が「それではお手持ちの資料をご覧下さい。家具事業部からの新規事業提案です。事業部長のHが来ています。H部長から説明します」と僕の計画に対する検討が始まった。僕は部屋の隅にちょこんと座っていた。二十分ぐらいの議論の後、実験店の立ち上げ資金は上限五千万円、三年で黒字にならなければ撤退という条件でこのビジネスプランが承認された。

僕は内心、飛び上がって喜んでいた。一年かけて作ったビジネスプランである。僕はこのビジネスプランが完璧だと思っていた。未来はバラ色であった。もし、このビジネスプランが役員会で否決されたら、僕はこのビジネスプランを持って会社を辞めると家内に宣言していた。

一月から実験店オープンの準備が始まり、最初にポムアレーのネーミングとクマさんのキャラクターが決まった。それから僕達は、この業態店開発事業を『ポムアレー事業』と呼んだ。その年一九八五年の四月一日、『ポムアレー』は大阪の郊外、南千里の住宅街にオープンした。

コミュニティ・ベビーショップというコンセプトのポムアレーは、ベビー服から玩具、保育用品、ベビー家具まで扱う、今で言うベビーのセレクトショップだった。

社内ベンチャーは既存の事業から浮いてしまうので、それなりの苦労はあったが、本社は全面的にバックアップしてくれたし、事業を推進する環境は抜群であった。事業を立ち上げ、軌道に乗せるためのリソースはすべて揃っていたと思う。

最初の失敗要因は、このビジネスプランにあった。一年かけて作ったビジネスプランは何度も書き直した大作だったが、僕が一人で作っていた。今から思えば信じられないことだが、ビジネスプランの構築段階で誰とも議論したことがなかった。社内の色々な人にイヤというほどプレゼンテーションをした。ただそれは僕が説明し、相手が質問し、僕はそれに答えるというものだった。これを繰り返していると、相手がどういった質問をしてくるのかが次第に分かってくる。当然、答えは用意できている。でも、これは議論ではない。僕のビジネスプランはこうして独我論に陥っていった。

実は、この独我論になってしまう失敗は簡単に回避できる。ビジネスプランをチームで作ればよいのだ。

一つのアイデアから一つを選択するのは危険すぎる。従って、複数のアイデアをチーム内で出し合い、並行して進めながら絞り込んでいけばよいのである。ところが、僕は一つのアイデアを自分一人で形にしてしまった。さらに言うならば、僕はビジネスプランを一人で作るにはあまりに未熟だった。

●独我論②――ビジネスプランの盲点に気づかなかった●

最近は、ビジネスプランを絵にたとえて説明している。絵を描くにもサイエンスが必要だ。技術と言ってもいいだろう。油絵を描くには、まず画材の知識と技法を身に付ける必要がある。これらの技術や知識はベンチャービジネスに置き換えると、労務や財務の知識であったり、マーケティングやマネジメントの手法ということになる。

しかし、この技術なり手法が長けているからと言って、よい絵が描けるとは限らない。描くことは、サイエンスとアートを融合することであり、画家としてのセンスが求められる。ベンチャービジネスも、僕には同じアートである。ベンチャービジネスでは、センス＝アントレプレナーシップということになる。アントレプレナーが最初に描く作品がビジネスプランであるが、そのビジネスプランを馬の絵にたとえるならば、今にも走り出しそうな躍動感とリアリティのある馬に描けているかどうかで、センスのあるなしが判断できる。もし、描けていればその馬をマーケットで実際に走らせてみようというのが、ベンチャービジネスだ。

僕にはサイエンスのスキルも、アントレプレナーとしてのスキルもどちらも足りなかった。でも、足りないのが問題ではない。僕と僕の周辺にいたメンバーがそれを認識していなかったというのが問題なのだ。だから、何の手も打たず僕にすべてを任せてしまったのである。

僕は事業の行き詰まりに気づいた時、どこでボタンを掛け違えたか遡って考えてみた。どんどん遡って、ビジネスプランまで戻ってしまった。その掛け違いはビジネスプランの中にあり、ポムアレーが失敗した要因は、ビジネスプランの段階で見つけられるものだったのだ。

ポムアレーのコンセプトは、コミュニティ・ベビーショップであった。このコミュニティ・ベビーショップとは、「ショップをお母さんや子ども達のコミュニティの場とし、ショップは商品やサービスを通じて子ども達の子育ちを応援します」という意味だ。このコンセプトを具現化するために、今で言うワンツーワン・マーケティング（購買履歴に家族構成・ライフサイクル・趣味趣向などの個人データを品揃えやサービスに反映させ、個々の顧客との関係を強化する）の手法を採った。

このコンセプトをフランチャイズというビジネスフォーマットで事業化するのが、僕のビジネスプランだった。もうお分かりだと思うが、コミュニケーションを図るというコンセプトと、フランチャイズというビジネスフォーマットは本来ミスマッチなものである。そんな簡単なことがその時は分からなかった。

フランチャイズには、三つの原則がある。専門化、単純化、標準化だ。商品やサービスを専門化して、作業を単純化し、効率よいオペレーションをマニュアルで標準化すると、誰にでもできるオペレーションができ上がるというフォーマットである。フランチャイズでは、すべてのお客様を「お客様」という一つのカテゴリーで扱うから単純化と標準化が実現する。しかし、ポムアレーはお客様を「個人」までカスタマイズしようとした。つまり、田中さん、吉田さんとお付き合いしようとしたわけである、サービスの専門化はできるが、当時はパソコンやインターネットというツールもなく、ワンツーワン・マーケティングの手法では単純化と標準化はできなかった。でも、このミスマッチは、ビジネスプランの段階で分かることである。だが、その時は分からなかった。それは、未熟さゆえに気づかなかった盲点だった。

やる気が失敗のウィルスを見えなくさせる

立ち上げ資金は五千万円、三年後の単年黒字を目標に一九八五年四月、実験店ポムアレーは南千里にオープンする。スタッフは三人。店長とアルバイトは求人雑誌で募集した。僕自身にはマネージャーという肩書きを付けた。都市郊外型路面店というポムアレーのメイン立地店である。阪急南千里の駅からバスで十五分ぐらいの何もない路面店だ。立地はあえて二等地を選んだ。何故なら、集客力をつけるためには、不動客の少ない立地の方がいい。立地が悪ければ、自分たちの力でお客様を集めるしか売上げを上げる術がないからである。下駄履きマンションの一階で三十坪の店舗であった。オープニングイベントとして、読売文化ホールで胎教コンサートをした。このイベントはフリーペーパーとのタイアップで妊婦さんを五百人集めた。プロモーションには自信があった。その後も次々におもしろいイベントを企画し、お客様に喜んで頂いた。

●こだわりのセレクトショップと裸の王様●

当時は、顧客管理という言葉が出始めた頃である。僕達のチームはマーケットより一歩先に進んでいたと言える。お買物履歴がデータベース化できる単品別顧客管理のソフトを独自に開発した。このソフトを当時のNECのPC98シリーズのパソコンに搭載して、パソコンレジを作った。このパソコンレジにドロアーとバーコードスキャナーを付け、後ろのプリンターでレシートを出すシステムを構築した。

ストアブランドの確立が僕達の戦略であった。それを実現する具体的なツールが会員制度である。まずはすべてのお客様に会員登録して頂く。無料会員だが、勧めて断られないノウハウを六カ月で開発した。お勧めして「結構です」と言わせない方法である。これは実は現場のノウハウから生まれた。逆転の発想で「会員に登録して頂けますか？」とお客様に登録の意思を聞かない方法である。店長はレジ打ちの際に「私どものお店は初めてでいらっしゃいますか？」と聞く。お客様が「YES」と答えたら、何も言わずに会員の登録カードとペンを出して「ここにお名前をお書き下さい」と言う。そうすると、九〇％のお客様が何も考えずに書き出す。書き出したら「また、セールのご案内などお送りしますね」と、会員制度の特典を説明し始める。意思確認をすると三割が断るが、しなければ一割しか断らない。会員登録した会員さんには、そのお客様の登録画面をパソコンから呼び出して、それからバーコードをスキャンして売上を入力する。これで顧客別のお買上履歴のデータベースができ上がる。このデータを使って、よりきめの細かいプロモーションが仕掛けられるというわけだ。

この会員制は三年後に一万人を突破する。一年後にはそれまでの一階層の会員制度を三階層に改正した。会費無料の今まで通りのスタンプサービスのみのフレンド会員。年会費を千円戴くが、その日からお買上商品をすべて五％OFFにするメンバーズ会員。メンバーズ会員の中でお買上累計が十万円を越えたお客様をVIP待遇し、お買上商品をすべて一〇％OFFにするゴールド会員の三階層だ。店長には、毎月のメンバーズ会員獲得目標を出してもらい、意識の向上を図った。

品揃えはベビー服から輸入玩具、保育用品、マタニティー用品、オリジナルのベビー家具、ミルク、離乳食、寝具まで揃えた。商品以外のサービスにも力を入れた。沐浴教室や赤ちゃん体操などの教室、クリスマス・パーティーや運動会などのイベント、業者とのタイアップでベビーシッター・サービスも提供した。コミュニティ・ベビーショップであるから、コミュニティの場として直径一八〇cmの大きな丸テーブルを売り場の真ん中にデンと据えた。

僕達はあふれる育児情報の中からポムアレーのコンセプトに合った商品やサービスをお客様に代わってセレクトし、その商品の意味と価値を商品とともにお届けすることを「サービス」だと位置づけていた。そのため、一カテゴリー一商品に徹した。哺乳瓶はドイツの○△社の××シリーズのみ、ベビー服は綿素材に拘ったABCブランドだけ。積み木は僕たちの基準である創造性、拡張性（遊びに広がりがあるか）、素材性、安全性をクリアした、デンマークのこれこれ。おしゃぶりはスウェーデンのコレ。まさしくセレクトショップだった。どの商品にも物語があり、何時間でも語れるものばかりを揃えた。

オープン後、お客様から出た質問で一番多かったのは、「これだけですか?」であった。僕たちは自信を持って説明した。「大変申しわけないのですが、積み木は○○社のモノしか扱っていません。この商品のサイズ違いはお取り寄せできますが…。何故かと申しますと、積み木には基尺という…云々」、お客様の半分はお帰りになったが、半分はファンになって頂いた。僕達はお客様を情報の洪水の中から助け上げる救世主を演じた。

この実験店は見た目には大成功だった。初年度の売上は三千六百万円、二年目四千八百万円、三年目六千五百万円。当初目標の通り三年で単年黒字になった。僕はK社でヒーローになった。この時代にK社で当初目標を達成する新規事業が稀な中、でき過ぎの成績だった。

●潜伏していた失敗のウィルス●

この華々しい成功の裏には既に、いくつもの失敗のウィルスが潜んでいた。失敗の種はウィルスみたいなもので、事業の色んなところに潜伏している。普段は陰性で何事も起こらないが、あるタイミングで一斉に陽性化して発症する。

この時、僕はこのウィルスに気づいていなかったが感じてはいた。それは「無理をしている」という実感から来ていた。だが、何としてでも「三年で黒字にしてやる」と思っていた。僕はこの事業に賭けていた。だから、僕はやった。ただ、それだけのことである。

家具事業部のプロダクト・マネージャーをしていれば、K社でそれなりのエリートコースに進めたと思う。僕はこれを棒に振って、たった三人のチームを立ち上げ、本社から遠く離れた南千里で戦っていた。三年もすれば、本社のみんなから忘れ去られる。「そう言えば、家具事業部にいた吉田っていうヤツ。何しとるん」、ここから何としても立ち上がりたかった。だから、黒字にしようとした。

僕は三年間、ほとんど休まなかった。初年度は年末年始も店を開けた。市場から学んだことを活かして、当初プログラムに色んな修正を加えた。これは正しいことでもあり、実は失敗のウィルスでもあった。言葉を換えると市場に学び過ぎた。市場から学び過ぎると当初のコンセプトからずれてしまう。当たり前のプランになってしまうのだ。

当時、方向転換がいくつもあった。実験店のオープンから半年で保育用品とミルク、離乳食の扱いをやめた。ここでもこだわりの品揃えをしていたが、明治、雪印、和光堂など、ナショナルブランドに違いはない。実は、近くの薬局では同じ商品を十五％ＯＦＦで売っていた。そこの店長に聞いてみたところ、ベビー関連商品は集客商品だから利益は無視しているとのこと。スーパーで言えば卵、つまりチラシ商品だった。対抗できるはずもなかった。

次にオープンから一年でマタニティ用品をやめた。どうしても、品揃えで百貨店の赤ちゃんフェアーに勝てなかった。同じタイミングで寝具からも撤退した。自社ブランドだった家具もやめた。当初の「ベビーへの生活提案」というコンセプトは、この時既に成立していなかったのである。

実験店はテストマーケティングの場であるから、ここでの方向転換は当たり前である。しかし、方向転換したなら、それをビジネスプランに戻して、プランを変更しなければならない。言い方を換えればプラン通りにいっていないのだから、プランを変更する必要がある。しかし、それを僕はしなかった。プランはプラン、現実は現実みたいなことになっていた。当初書いたビジネスプランでは、五年後に二百店舗の計画になっていた。しかし、数年後には三十店舗で黒字化が当面の目標になり、この二百店舗という数字は消えていた。スタートの頃の小さな誤差が、事業の進展と共にどんどん広がっていったというのが実感である。

僕は実験店で三年間がんばったが、この「がんばり過ぎ」も失敗のウィルスであった。そんな「無理」で成立しているビジネスが、ビジネスプラン通りに大きくなるはずがない。次に現実をプランに戻すということをしなかった。売上げさえ上がれば、この実験は成功だと思っていた。プロセスを重視していなかった。テストマーケティングとはプロセスの実証であって、結果の実証ではないことを僕は知らなかった。

誰でも天狗になる

実験店の三年間で当初の目標を達成したポムアレー事業は、本部を設立してフランチャイズの本格展開に入る。一九八八年のことである。この時点で実験店はアンテナショップという位置づけになった。一九八八年四月には大阪の箕面に、七月には横浜のたまプラーザにアンテナショップを出店した。

実はこの箕面の店がポムアレー最後の店になるのだが、僕の家内がフランチャイジーだった。一店でも多く店が欲しかった僕は、彼女を口説き落とした。彼女の条件は職住一致。僕もこの案には賛成だった。当時、高槻に住んでいた僕たちは高槻の家を売って、箕面に土地を求め、そこに家を建てて一階をポムアレー、二階を住まいにした。

この時点で、僕たち夫婦は加盟店と本部という関係になった。晩飯の時に加盟店が本部に対して「サポートが悪い」とクレームを言い、逆に本部は加盟店に対して…、といった具合に僕の生活は一〇〇%ポムアレー事業になった。ポムアレー事業を成功させるためだけに僕は生きていた。このゆとりのなさも、大きな失敗要因になったと思っている。

一九八八年七月時点で三店舗になった。今までは一店舗だったので、複数運営のノウハウがない。この三店舗を使ってチェーンオペレーションの実験が始まり、と同時にフランチャイズパッケージを作り始めた。

三年で黒字、そして、二店舗の出店。五月には本部事務所がオープン。三月末まで三人だったスタッフが七月の時点で十二人になっていた。ポムアレー事業はどんどん拡大していった。秋にはFC一号店がオープンする。事業が拡大する中で三十四歳の僕は「天狗」になってしまった。当たり前と言えば当たり前の結果である。社内起業家、新しいリーダー像として雑誌や新聞、テレビにも取り上げられ、僕はどんどんいい気になっていった。極めつけは一九八九年に『快人20面相』という本に僕が取り上げられたことだ。副題が「金の卵が会社を変える」というこの本は、今活躍する二十人の社内起業家のインタビュー記事で編集されていた。この本の影響もあって、企業からの講演依頼が月に何本も入ってきて、世の中のヒーローになった気分であった。

天狗になると、事業に対してどんなリスクやデメリットがあるのか。

まず、周りの意見が耳に入らなくなる。そして、見た目にイヤなヤツになり、求心力もなくなる。色々あると思うが、一番のデメリットは「注意散漫」だと思う。天狗とは自信過剰の状態を言うわけであるが、自信が過剰な分、失敗に対する注意を払わなくなる。つまり、失敗に対する感覚が鈍感になる。この状態が一年続いた。結果的にはこの「自信過剰」は、その後の失敗を増幅する媒体になってしまった。

若い人がいきなり世の中から認められる成果を上げたら、みんな「天狗」になってしまうと思う。それが、一生懸命な努力が背景にあったとしてもである。これはある部分仕方がない。どのようにすればこの失敗のウィルスを潜伏させないようにできるか僕には分からない。一つ言えるとすれば、そのアントレプレナーに厳しいこともはっきりと言ってくれる師匠のような人がいて、たしなめてもらうということぐらいだろうか。

裸の王様は、自分が裸だと気づいてはいたが、それを認めることが怖かった。誰かが白日の下に引っ張り出してくれない限り、本当に気づくことはできないのではないだろうか。

Coffee Break Vol. 3

ウケウリ彼氏とモノマネ彼女

もう十年以上も前の話ですが、たまたま入った仙台の本屋で『ウケウリ彼氏とモノマネ彼女に捧ぐ！』というキャッチコピーを見つけました。

ハードカバーの本の帯に書いてあったわけですが、僕はこの本をタイトルも著者も見ないで買いました。本の内容は『自分で考える技術』とか何とか…。

今、書棚を見ましたが、見つかりません。内容はそんなにおもしろくなかったように記憶しています。その時、僕はこのキャッチコピーを見て、「ほんまや、うまいこと言いよる…ガハハハ」と笑ってしまったと同時に、「うん？　待てよ？　僕もそうなんか？」なんて我を振り返り、考えさせられました。言葉を換えると、このコピーは「お前にとってオリジナルとは何か？」っていう問いかけになります。

『オリジナル』を辞書で引けば、「独創的」とか「原作」とか「原物」なんてことが書いてあります。「僕の思考や言葉にオリジナルはあるんやろか？」なんて考えると、「ない」って答えになってしまいます。だって、僕の考えは過去の経験とか何らかの経緯で学習したものばっかりです。もしくはその組合わせになります。やっぱり僕もウケウリ彼氏なんや…トホホ。すると、どこにオリジナルはあるのって、よくよく考えてみるとオリジナルってすごいことやと気づきました。

「そんな、本に書いてあるような話は聞きたくないんや、僕はキミの意見が聞きたいんや！」なんて言ってるオジサンがいますよね。そんなこと言われても…、「そういうあなたも、自分の意見？」って言い返したくなりますよね。オジサンが求める「キミの意見」、つまり、僕らのオリジナルはどんなふうに作られるのでしょうか。

僕はその「本に書いてあるような話」っていうのが、「自分のオリジナル」になる瞬間が何となく分かります。ウケウリやモノマネの段階で話していてもしっくりこないし、相手に伝わらないんですが、自分の言葉になった時に「これは自分の意見や」って思えるんです。

僕はこれは使えるって思った話をいろんな人に何回もします。反対意見があったり、矛盾点を突かれたり、そんな他人の意見を聞きながら最初はウケウリやった考えに自分なりのアイデアもくっつけて補強していきます。そうこうしているうちに、相手が何を質問してくるとか、どの点に疑問を持つかも分かってきます。当然答えも準備できているわけです。そうなって初めて、自分でもこの意見を最初に聞いた時の納得の度合いがどれぐらいであったのかも分かってきます。

この地点に到達して初めて、僕が伝えたいと思ったそのままを相手に伝えることができるのです。つまり、その瞬間にその話は吉田オリジナルとなります。

急成長する組織の歪み

一九八五年四月の実験店スタートから一九八八年五月の本部設立までのスタッフは三人体制。本部は僕を含めて四人体制でスタートした。この時点で七人。同年に直営店が二店舗オープンして、その年末には本部と三店舗で十八人。一年経った一九八九年の年末には本部は十六人、直営店四店舗で十四人、総数で三十人のスタッフになっていた。

●組織とはこうあるべきという思い込み●

急成長は、組織に歪みをもたらす。まず、現象としては、ある時期からみんなの働き方が大企業並みになってきた。働く者の権利を当たり前のように主張するようになった。社内公募で本社から五人が来ていた。公募といっても、出向という形になっているから結果的には社命ということになる。この事業がダメになれば、本社に帰れる。それからこんな小さな組織でも各部門が自部門の利益を優先するようになった。セクショナリズムが台頭し始めたのだ。

これらの現象は皆（個人）の目標と組織の目標が乖離するところから派生する。全社一丸なんて古臭い言葉のように思うが、そのムードがないと急成長を遂げることはできない。ポムアレーは間違いなく、ある時点からこの全社一丸というムードがなくなった。事業が失速する中で僕の求心力がなくなったと言えばそれまでだが、実は急成長の裏側で、既にそのウィルスは事業に入り込んでいた。

僕はリーダーとして自分の組織を設計する。しかし、僕の知っている組織とは階層組織でしかない。当時のK社は事業部制を採っていた。その組織構造は僕にも大変合理的に見えたし、組織とはそうあるべきだと確信していた。

階層組織の組織図をイメージしてほしい。ピラミッドの頂点には社長や役員会があり、その下に部門が大きく二つに分かれる。コストセンターとプロフィット・センターである。それぞれに部門長を置く。コストセンターには、総務・人事、情報システム、物流、経営管理が入る。プロフィット・センターには店舗運営、店舗開発、商品開発、販促企画。そして役員会の下から横棒が出て、そこにはスタッフ機能としての経営企画室がある。どこの企業にも見られるような典型的な事業部制階層組織だ。

組織目標を達成するために各部門の目標と、それを細分化した課の目標が設定される。組織員（個人）は担当部門での成果目標と能力開発目標を設定して、これと人事評価システムを結びつける。目標を設定するためには各課、各部門の役割を定義し、権限と責任を明確にして、組織間での隙間や重複をなくす必要がある。各部門がプログラムした部門目標を達成すれば、結果的に会社の目標が達成できる仕組みである。

僕はこの機能別階層組織をポムアレーにも応用した。限られた管理職が兼務する階層組織である。僕は常務という肩書きで、組織のトップにいた。それにプロフィット・センターの統括部長を兼務し、プロフィット・センターの中にある商品部長を兼務した。当時のポムアレーで兼務していなかったのは、アルバイトぐらいだと思う。リーダーがいない。なのに、部門を作る。

何故そんなおかしなことが起こるのか。それは、部門がなければ組織として成立しないと僕が思い込んでいたからだ。本社の人事や、経営企画室に相談するとみんなも「その通りだ」と言った。彼らも事業部制階層組織が合理的で、組織目標を達成するには一番いい仕組みだと妄信していたのだ。

確かに、変化の少ない安定した事業には、この事業部制階層組織が合理的で秩序ある組織運営を実現するのかも知れない（今ではこれも幻想かも知れないが…）。しかし、ベンチャービジネスは毎日が新しいこととの出会いである。成長するということは新しい課題を生むということだ。新しいチャンスとピンチが交互に訪れる。その度に「この仕事はどこの部門の担当か」とか、「いや、新しい部門を作って対応するべきだ」などと議論をしている余裕はない。ところが、ポムアレーもこの議論で結論が出ないと組織は動かないようになった。自部門の担当ではないことをやっても成果の対象にならない。また、細分化された目標は全体の目標につながるイメージを持ちにくい。

たとえば、ある担当者が今日、新しい資料を作ったとしよう。これがまわり回って会社目標の二百店舗達成に結びついているとはイメージできない。当たり前と言えば当たり前の話だが、しかし、ベンチャーにはそれはあってはならない。組織目標を達成するために全員が部分最適ではなく、全体最適を考えられなければ、組織の急成長は乗り切れないからだ。

●セクショナリズムによる個人意識のズレ●

僕はセクショナリズムのことを分かりやすく説明するために、「通路のゴミは誰が拾うのか？」という話を講演でよくする。

人事部と総務部の間の通路にゴミ（経営課題）が落ちていたとする。誰もがそれをゴミだと認識しているが、総務部が拾うゴミなのか人事部が拾うゴミなのかが議論になっている。何人もの人がそのゴミを取り囲んで議論をしている。

総務部　どう見てもこのゴミは人事部から出たものに思える。だから、処理するのも当然人事部だ。

人事部　それは誤解だ。これは人事部には関係ない。かと言って、総務部にも関係ない。しかし、通路の中心点から少し、総務部よりだから、これは総務部が処理すべきだ。

総務部　それはおかしい。どちらのゴミかがハッキリしないのに、うちの部員に拾わせるわけにはいかない。

このゴミは誰が拾うのか、答えは簡単だ。気がついた者が拾えばいい。何故なら、このゴミはどこのゴミかの議論の前に会社のゴミだからだ。こんな簡単なことを分からなくしてしまうのが、セクショナリズムだ。しかし、組織を設計し、役割と権限と責任を明確にしたらセクショナリズムは避けられない。矛盾なく、しっかりと組織を設計すればするほど、完璧な組織ができ上がればでき上がるほど、通路のゴミは議論の対象となる。議論の対象になればいい方かも知れない。みんながそのゴミを無視して通り過ぎているかも知れない。今はゴミの話だが、宝物（事業チャンス）が落ちていても同じことが起こる。

セクショナリズムがゴミや宝物を見えなくしてしまえば、その組織はおしまいである。しかし、通路のゴミが議論になっているなら、いずれ結論が出て、そのゴミはゴミ箱へ行くわけだから結果的に問題は解決する。となると、セクショナリズムの問題の本質は何なのだろうか。

それは「スピード」だ。セクショナリズムは固定観念を生んだり、目的より手順を大切にしたり、みんなが全体最適を考えられなくなるといったように組織に様々なダメージを与えるが、一番のダメージは企業の意思決定のスピードを遅くすることである。このスピードダウンは、ベンチャービジネスにとっては致命的だ。何故なら、ベンチャービジネスにとってスピードが唯一と言っていい「強み」だからである。これをなくせば、もうベンチャービジネスとは言わない。

それならば、急成長するベンチャービジネスにとってどんな組織が最適なのか。結論から言って組織を作らないことである。今の僕なら「三十人までなら組織はいらない」とはっきり言い切れる。プロジェクト・マネジメントで充分だ。いや、プロジェクト・マネジメントの方がいい。ベンチャービジネスの立ち上げ期には最適な組織である。頭から事業部制階層組織を作らないのであるから、階層や部門がない。階層や部門がないところにセクショナリズムは生まれないし、プロジェクト毎に意思決定を分散化するので、同時進行のスピードが得られるというわけだ。

また、プロジェクト・マネジメントの土壌を作るには、まず情報の階層をなくし、全員が情報を共有化することが必要である。これで組織員全員が各プロジェクトの進行状況や今の課題を知ることになる。組織員はアルバイトであっても情報を与えられているため、全体を把握することができる。このように各人が主体的に事業に関わることによって、常にプロジェクトを越えた全体の最適化に目が向けられるのだ。

事業が身の丈を超えた時

ポムアレー事業が急成長をした一九八八年から一九九一年当時のことを思い出すと、自信過剰の自分と背伸びしている自分が日替わりで現れる。どちらにしても地に足がついていなかった。

周りがどんどん事業を押し上げていく。自分の実力以上のことが要求されて、自分が返事をする前に「吉田はできる」と周りが決めてしまう。事業が身の丈を超えていた。僕は何とか背伸びして追いつこうとしていた。

首都圏にアンテナショップが必要だと言い出したのは、当時の社長室のI課長だった。三年間の実験期間が終わって、ポムアレー事業は家具事業部の管轄から社長室直轄事業に変わった。事業部レベルから会社レベルの新規事業に位置づけされた。社長室直轄事業になって最初の会議だったと思う。本社で本格的な多店舗展開に入るための会議が開かれた。I課長は「全国二百店展開を望むにあたって、首都圏でのアプローチはこの事業の成否を分けると思うのですが、吉田さん、いかがですか。当然、次のアンテナショップは首都圏ですよね」と僕に問いかけた。出店計画では日本地図を何等分かにして出店数が計画されていて、首都圏で五〇%のウェイトがあったと思う。しかし、僕はこの時点で首都圏に出店などという案は持ち合わせていなかった。この会議の時はまだ、南千里店の一店舗しかなかったのである。

でも、言われてみればその通りで、東京にもアンテナショップが必要だという気になってきた。僕はI課長の質問に「ハイ。僕もそう考えています」と答えていた。この会議のこの一言で首都圏への出店が決まった。この日から僕の中で首都圏への出店準備も始まった。自分が想像していないことが自分の事業で起こり始めていた。首都圏一号店は、たまプラーザに出店が決まった。東京と大阪に拠点を持つのは小さな組織では負担が重すぎた。北大阪でのドミナント展開をぼんやりと考えていた僕のイメージとは大きく離れていた。静岡の富士市や盛岡からの出店依頼が来た時にも東京に店があったから、飛び地の出店は非効率とは考えていたものの、「もう、横浜にあるんやから、静岡もいいか」そんな判断が動いた。

こんなこともあった。各店には店舗管理システム搭載のパソコンPOSレジが設備されていた。これは自社開発のシステムでレジ機能の他に在庫管理、顧客管理、仕入管理、現金出納帳、銀行帳の機能が付いていて、日時の損益計算書が出力できるシステムだった。しかし、各店は独自に管理されていて、オンラインにはなっていなかった。ある時、A氏（当時、社長室室長からコストセンター担当役員になっておられた）に店舗の管理システムについて南千里店で説明していた。説明の途中でA氏が「それで、吉田、こいつは本部とつながっているんだな」と質問された。僕は「つながっていません。K社のように全営業所がVANでつながってるシステムにはまだなっていません」と答えた。そうするとA氏が「いつ、つながるんだ」と、質問してきた。僕はオンラインのことなど頭になかったので、「いつ」と聞かれても、言葉に詰まっていた。A氏はそんな僕を見て「オンラインになっていなかったら、どうやって多店舗を本部がコントロールするんだ。すぐに、うちの情報システム部に言って全店オンラインの開発をしてもらえ」ということになった。

次の日に情報システム部の課長が電話をしてきた。「昨日、A取締役から電話があって、ポムアレーのシステムを開発するので、お前、頼むって言われてしまった。それはいいねんけど。それで店を専用線で結べばいいんやな。二百店舗が目標やてAさんは言ってたけど、予算はどれぐらいあるの」そんなやり取りの後、翌週にはプロジェクトの一回目の会議が開かれていた。投資金額はハード、ソフト込みで約五千万円。NTTの一般回線を使うシステムで各店のパソコンにはデータ転送のソフトをインストールしてモデム電話を接続すれば実現できるとの結論になった。この会議でA氏はこう言った。「五千万円を二百店で割ったら二十五万円やないか、安いもんや、やれ！な、吉田、二百店舗できるんだろう」。僕は一呼吸置いて「ハイ」と返事していた。

色んな場面で、僕の想像を超えることが起こり始めていた。その度に僕はその意思決定についていくのが精一杯だった。「社長の器以上に会社は大きくならない」とはよく言ったものだ。まったくその通りである。社長が思いつかないことは会社では起こらないということである。ところが、社内ベンチャーでは違うことが起こる。スタート時点で器以上のものが揃っている。一般的には社長の成長＝会社の成長であるが、社内ベンチャーの場合はこの二つは別々に成長する。このバランスが崩れると「事業が身の丈を超える」状態になる。この環境は社内ベンチャーだけの問題ではないようだ。最近ではマーケットでもベンチャーキャピタルやコンサルタント会社が社長の器を超えた提案をしているようだ。資金や人材や技術があれば、何でもできると勘違いしているのだ。でも、実は違う。社長のキャパシティを超えた事業は、会社の中に誰もコントロールできる者がいないということになってしまう。社長はこの事業や戦略がうまくいかない時に修正を加えたり、方向転換を図ったりとコントロールしなければならないが、キャパシティを超えたモノは社長すらコントロールできなくなる。

社長が自分の事業についての誰よりも高いビジョンと、誰よりも深い戦略を持っていることが事業成功へのシナリオには違いないが、自分がイメージしていないとしたら、それは失敗のウィルスになる。

Coffee Break Vol. 4

苦労は買ってでもする？

僕のオヤジの話です。

彼は貧しい大工の家に生まれ、戦争にも二回行っていて、息子の僕が言うのは何ですが、結構苦労人です。

大正七年生れで…今年、いくつになるかなぁ？　僕が三十歳の時に亡くなったんで何歳か思い出せませんが、生きていたら八十歳ぐらいでしょうか。某大手建設会社のサラリーマンでした。彼は自称「サラリーマンのプロ」で、その証拠に真夏でも決して上着を脱ぎません。それでも汗ひとつかきませんでした。それが「サラリーマンのプロ」らしいです。「俺は四十年背広を着ている」というのが自慢でした。

そのオヤジの口癖は、「しないで済む苦労はするな」でした。僕はちっちゃい頃からよく言われていましたので、それを実践しています。そんな僕が大人になって、「小さな努力で大きな成果」なんてキャッチフレーズを作りました。

それから僕はガンバルってこともしません。「おもろないことはおもろないんやから、それなりにやらな。なんも会社背負ってるわけでもないし、そないにガンバッてどないすんのん…。人生ガンバリ時があるから、それまでガンバリは置いといて」なんて思っています。きっとこれもオヤジの影響です。

そんなオヤジと一緒に、友達の結婚式に呼ばれたことがありました。新婦が僕の友達の妹さんで、家族ぐるみの付き合いをしていました。そんな関係で呼ばれたのですが、親戚以外の結婚式でオヤジと一緒に出席したのは、これが最初で最後でした。その結婚式でオヤジがスピーチしました。

「新郎新婦、そしてご隣席のみなさん、昔の人は「苦労は買ってでもしろ」って言っていましたが、私はそうは思いません。しないでいい苦労はしなくていい。避けて通れる苦労は避けて通りましょう。どうしても避けられない、逃げられない苦労だけしましょう。新郎新婦はまだ若い。これからです。だから、なるべく苦労しないで、人生を楽しんで下さい。……云々」

僕はこのスピーチが大好きでした。そんな僕は三十歳で社内ベンチャーを立ち上げ、その後スピンアウトの道を…。そのまま、サラリーマンをしていれば、しないでもよかった苦労をいっぱいして、なんや一生懸命ガンバッテました。挙句の果てに「吉田さんって打たれ強いね」なんて言われて……。

こんなはずやなかってん。苦労はしたないねん。ガンバリたないねん。

買って苦労しているわけでもないし、避けられるものは避けてきたけれど、好きなことしていたら、もれなく苦労がついてきました。とほほ…オヤジどう思う？

敗北からの逃避

一九九二年に入って直営、ＦＣ合わせて十二店舗になっていたが僕は悩んでいた。悩みは二つあった。一つは既存店の売上不振。もう一つは加盟店が計画通り増えないことだった。売上不振についてはそれでも店外催事やセールなど、いくつかのイベントが成功していた。しかし、バブルの崩壊もあって通常の店売は伸びていなかった。一番の問題は売上げに店舗間格差が出てきたことだ。売れる店とダメな店が出てきた。原因はフランチャイズ理論でいう標準化の失敗である。もともと、標準化できるショップコンセプトでないことはうすうす気づいていた。気づいていたが、「だからあきません」とは言えなかった。ポムアレーは僕自身だ。ポムアレーが失敗するということは、僕がなくなってしまうような恐怖感があった。

当時、ファーストフードの店でマニュアル一辺倒の接客を皮肉るような話が流行っていた。カウンターに男性が近寄ってきてハンバーガーを五十個注文すると、カウンターの女の子が笑顔で「ありがとうございます。ハンバーガーを五十個ですね。こちらでお召し上がりになりますか？　それともお持ち帰りですか？」と聞くのだ。男性は呆れた顔で「僕が五十個もハンバーガーを食えるはずないでしょ」と答える。

僕はこの話を例にして社員にこう言った。「フランチャイズの店はどこの店に入っても同じ商品、同じサービスを保証しているよね。これはお客様にとってはとても安心できるサービスやと思う。でも、反対に安心以上のものを与えることはできない。さっきの女の子はマニュアル通りにしたけど、あれは間違いだろうか。違うと思う。彼女は正しい。マニュアル以外のことをするのが間違いや。ＦＣでは、『創意工夫』『臨機応変』はしたらあかんねん。もし、ファーストフード店のカウンターに店長が工夫した手書きのPOPが付いたら、どうなる？　スタッフが標準語は冷たい感じがするから、地元の言葉で接客しようと言い出したら、どうなる？　そういう意味でもFCは創意工夫したらあかん。マニュアル通りや。では、ポムアレーはどうなん？　各店は創意工夫をしているよね。全店、同じところと違うところがあるよね。工夫してよりお客様に満足して頂けるようにがんばってるよね。どの店も地元の言葉で接客してる。店のディスプレーも各店それぞれに工夫してる。つまり、ポムアレーでは一〇〇％の専門化と単純化、そして五〇％の標準化と五〇％のカスタマイズをフランチャイズの原則にしてるんです」

すごい。この時点で、僕独自の新フランチャイズ理論が完成したわけである。でも、この理論が正しいかと言えば、そうではない。僕はポムアレーの現状に合わせて、理論そのものを組み替えてしまったのだ。はっきり言えば詭弁である。そして、この話に矛盾があることを僕は知っていた。自分が自分にウソをついていたのだ。しかし、「これは詭弁ではない。正しい考え方なんや」と何度も自分に言い聞かせているうちに正しく思えてくるから不思議だ。そのうち、自分が自分にすっかり騙されてしまう。

●現実と目標の埋め合わせ●

加盟店が増えなかった一番の原因は、儲かっていないからである。そんなことは分かっていた。でも、これも自分にウソをついた。

店舗開発の担当は「ショップのコンセプトやら、この事業の社会的意義」をセールスポイントにしていた。「子どもの事業は二十一世紀を担う仕事です」とか、もっとはっきり「子どもの商品は儲からない。靴屋さんの子ども靴、本屋さんの絵本、レストランの子ども向けメニュー、どれも、中途半端にしか扱っていない。だからこそ、僕たちの仕事には社会的使命があるのです」、こんな説明をしていた。「儲かりますから、やりましょう」とは言わなかったし、言えなかった。何故なら、利益を出している店の方が少数派であったからである。まともなフランチャイズチェーンなら募集パンフレットの表紙に「儲かりますから、やりましょう」とは書いていない。「この事業のビジョンとか理念、そして、やりがいに賛同してもらって」などと書いてある。パンフレットを読み進んで行くと、売上、利益のところで、投資に見合う適正な利益の説明がある。僕達も同じような募集パンフレットを作った。

でも、現実は違った。

競合するFC本部の店舗開発の担当者は見込客に対して「あなたの利益」のところから話を始める。パンフレットの一ページ目「当社の企業理念」の説明は後回しだ。まず、収益のページを開いて、ここに書かれている売上、利益シミュレーションが大変控え目で、あなたの立地ならもっと売上は上がるでしょう、と説明を始める。しかし、僕達はパンフレットの一ページから順番に説明していた。これでは見込客を説得することはできない。それは僕も含めて店舗開発の人間は誰もが知っていた。でも、誰も口には出さなかった。口に出せばこの事業が終わってしまう。

年間一億円近い赤字が出ていたと思う。フランチャイズとは先行投資型のビジネスである。三十店舗を運営できる人、サービス、情報、商品などを揃えてから三十店舗を出店する。店をサポートする本部機能が常に店舗数に先行するモデルだと、本社にもスタッフにも説明していた。ポムアレーの短期目標は一年で三十店舗だった。三十店舗になれば黒字になり、本部コストが売上ロイヤリティーでペイできる。ここからポムアレー事業は高収益になる。事業計画にもそう書いてあったし、どの会議でもそう言っていた。しかし、この頃、この三十店舗黒字説に社長である自分自身、自信がなくなっていた。

●自らの敗北を認めるまで●

ビジネスなんて実は単純なものだ。お客様が財布からお金を出すと、そのお金を利害関係者で分配して、残ったものが利益になる。ポムアレーの事業なら店で集めたお金を加盟店、本部、仕入先、金を借りている銀行、店舗や事務所の大家さん、スタッフ、などなど、みんなで分けて残ったら黒字、残らなかったら赤字である。三十店舗黒字説のシミュレーションがここにある。直営店が七店舗でFCが二十三店舗。それぞれの売上と本部利益、その基準値である売上総利益率、それにショップ、本部の販管費、償却、どれを見ても実現可能な数字に見える。この数字は僕が組み立てた。だから僕が一番よく知っている。この一見実現可能な数字が実は実現不可能なことを…。一言で言えば小さな期待の積み重ねが実現不可能な大きな期待になっていた。

最初に三十店舗シミュレーションをしたら、赤字になった。今、手元にある店舗のデータや僕の未来イメージや経験値でざくっと数字を出してみた。これが赤字になった。僕はあわてて、一つ一つの数字を吟味し始めた。「店舗平均売上高四千五百万円は低いか。もう少し力がついてるやろな。四千八百万円にしよう」「広告宣伝費は、ちょっと待てよ。この頃にはもう少し市場で認知されているから、年間募集広告に五千万円はいらんか。ここは四千五百万円にしよう」「アパレル部門の粗利、店舗は三〇%で本部が十三%か。う〜、店舗の三〇%は妥当やな。本部はもうちょっと発注量も出せるし、もう少し残るやろ。十四%を目標にしよう」こんな小さな期待をいくつか重ねたら黒字になった。ホッとした。やっぱり、三十店舗で黒字になる。僕の言っていたことは正しい。こう自分に言い聞かせてほっとしていたのである。

分配の話で言えば、入ってきたお金をすべて分配していくとお金が足りなくなった。さて、どうするか？足らない分が本部の赤字である。だから、この配分を入ってくる方はちょっと多めに、出て行く方はちょっと少なめに計画したということだ。

でも、ここでも自分にウソをついていた。

確かに一つ一つは小さな期待だった。だから、その期待値というのか、目標がそれだけであれば、きっと黒字シミュレーションは正しかったと思う。しかし、小さな期待がいっぱいあった。それのすべてを実現しないと黒字にはならない。小さな期待が積み重なってできたこの大きな期待に応えられる潜在力は、当時のポムアレーにはなかった。本気でウソをつくから、いつからかそれがウソでないように思えてくる。その後、ポムアレーはフランチャイズ以外のこともやり始めた。オリジナル商品の卸しをしたり、ポムアレーという看板を上げないパートナーショップを創ったり、本社の商品を直販したり。どれもこれも間違いだった。目先の売上を上げたいがための悪あがきだった。組織のベクトルが見えなくなって、それを支えるだけの力も僕には残っていなかった。

一九九二年の秋だったと思う。自分にウソをつくことも僕にはもう限界だった。この事業は失敗すると確信した。というか、僕が成功を確信していないのに成功するはずがないと思った。A氏に事業からの撤退を進言しに行った。「申し訳ないです。この事業は失敗です。撤退しましょう」と僕は言った。A氏は吉田が泣き言を言っていると思ったようで、即座に「何、弱音を吐いてるんや、吉田、何が問題なんだ、言え」と言われた。でも、僕は何も言えなかった。「問題はたくさんありますが、一番の問題はこのプランです。プランが間違っていました。どのようにしても成功へたどり着けません」

僕はその時、リングに自分でタオルを投げた。セコンドはまだまだがんばれると思っていたが、見た目以上に僕のダメージはきつかった。僕は一〇〇%の負けを認めて、降参した。情けない僕がそこにいた。

年明けの役員会でK社は正式にポムアレー事業から撤退することを決議し、僕は撤退計画を立案して、その実施にあたることになった。不採算店舗を閉店しながら、加盟店にご迷惑をかけないように一年半をかけて市場から撤退した。

この撤退計画の骨子はポムアレー事業を縮小し、直営五店舗としたところでK社から僕個人が事業を引き継ぐというものだった。残った加盟店のサポートも僕がすることになった。僕は本社から「お前、責任を取って引き継げ」と言われたわけではない。どちらかと言えば反対だった。僕からお願いしたようなものだ。実験店がスタートして十年が経っていた。僕はこの事業に三十代のすべてを費やしたわけだ。今更、本社に戻ることなど考えていなかったし、何より事業がかわいかった。スタッフもいた。事業にはできなかったが、繁盛店ぐらいはつくれるとの自負もあった。だから僕は事業を引き継いだ。

しかし、結果的にはそれまで利益を上げていた店も赤字になり、引き継いだ五店舗も次々閉店することになる。これを書いている二〇〇二年六月に僕が家内を口説いて出させた「箕面店」が閉店する。これで、僕のポムアレー事業は終わった。

結果的に全店が閉店することになった。それなら、あの時に本社から引き継がずにすっぱり事業を辞めておいた方がよかったのでは…。僕はこの五店舗を引き継ぐ資金と閉店するために自分の資産をほとんど使ってしまっていた。

僕は「みれん」と「他には道はないとの思い」から事業を引き継いだ。でも、結果的には間違いである。道はいくらでもあるし、スタッフはみんなそれなりに違う道でがんばっている。僕も失敗の経験を土台にして仕事をしている。

アントレプレナーは事業と自分がイコールになってしまいがちだ。実はこれが最大の失敗のウィルスである。さっきの「みれん」と「他に道はない」はこのウィルスの起こす発熱みたいなものだ。恋は盲目とはよく言ったものだ。事業も盲目である。だから、この事業しかないと思ったら、要注意だ。事業なんて実はいくらでもあるのだから。

ある創業者セミナーで、グループディスカッションをしてもらっている。ディスカッションのテーマは「創業とはいったい何か」これをグループで議論し、答えは「創業とは○○だ！」と発表してもらう。あるグループが「創業とは暇つぶしだ！」と発表した。僕はこの「暇つぶし」がとても気に入った。そのグループはこんな説明をした。「世の中おもしろいことがないので暇してます。いっぱい遊んだし、いろんな仕事もしたけど、どれもおもしろくない。それやったら、創業なんておもしろそうやし、やってみよか…そんなとこです。だから、うちのチームの答えは創業は暇つぶしだ！」

アントレプレナーには「何が何でも成功させてやる」の気概と、実は「暇つぶしなんだ」という醒めた目の両方が必要なのだ。

第3章

再起しやすい失敗の仕方

失敗は失敗したヒトの宝物

受身の練習

ベンチャービジネスとは非常にリスキーだということは周知の事実である。だから創業に二の足を踏んで当然だ。それは、リスクという見えないモノ、経験したことのないモノへの恐怖心があるからではないだろうか。先の章で触れた僕の社内ベンチャーの顛末は決してよい失敗の仕方とは言えないが、失敗を具体的にイメージして頂くにはよい参考例になったのではないかと思う。多くの人が失敗事例に学びたいと思うのは、前もって失敗を想定することで、恐怖心を取り除き、自分が失敗した時の、或いは失敗しないための備えができると考えているからではないだろうか。

ただ、他人の失敗事例からは学べないというのが、僕の持論だ。だから、ひょっとするとこの本の多くの部分も役に立たないかも知れない。しかし、編集者は僕の失敗体験を本書で語ってほしいと言った。編集者の言い分はこうだ。「吉田さんの『ベンチャー失敗の法則』は、ご自分の失敗経験に根ざしていますよね。その経験を整理し、深く考えたところから出た真理みたいなもの、それが『ベンチャー失敗の法則』でしょ。そうであるなら、そこを書いてもらわないと、読者に対して説得力がないです」

なるほど、僕は簡単に自説を曲げる人間なので、第2章に書くことにした。そして、僕の失敗体験と一緒に僕の痛みが伝えられればいいと思うようになった。

ベンチャービジネスにとって失敗は法則であるため、失敗は致し方ない。失敗はカッコ悪いことではないし、何も自分自身が一〇〇%否定されるものでもない。失敗の仕方を間違えなければ、それは誰のモノでもない自分の宝物となるのである。

昨今は社歴の長い大手企業も安穏とはしていられないリスキーな時代となった。二〇〇一年は倒産する企業の中で社歴が三十年以上の会社の比率が、一番高い年だったそうだ。今までの不況は体力のない若い会社からつぶれた。しかし、今回の不況はちょっと事情が違う。今までのやり方が通用しなくなっているため、これまで会社に安定をもたらしてきた過去の経験則が会社を窮地に陥らせていることがある。その会社の歴史そのものが、その会社の失敗要因になっているというわけだ。比較的新しい企業は今の環境の中で生まれてきているため、過去の成功経験が失敗要因にはならない。そうした企業には、今の時代を生き抜くＤＮＡが組み込まれているのかも知れないが…。

ただ、企業の規模、社歴にかかわらず二度と立ち上れないような致命傷で失敗するのか、軽傷で逃れるかという失敗によるダメージは、再起の可能性を左右する。一度のチャンスで成功する人は稀だ。だからこそ、失敗によるダメージを極力抑えることが大切になってくる。つまり、「失敗の仕方」が大事なのだ。

以前、僕が仲間と「失敗の仕方」について話していた時、傍らにいた友人の弁護士が「吉田さん、それはつまり受身の練習が大事…ってことですな」と言った。僕はこの「受身の練習」という言葉が気に入って、それ以後、講演で何度も使っている。

受身と言えば、僕は柔道を思い浮かべる。柔道はというと、何と言っても山下泰裕氏だ。ロスアンゼルス五輪の無差別級で肉離れの右足を引きずりながら、執念の金メダル奪取。幻のモスクワ五輪から四年、悲願のオリンピックで勝利を飾った。彼も挫折を糧にして成功を掴んだ人である。

●上手に負ける●

ベンチャービジネスでも柔道の試合でも、最初から負けるつもりで参加する人はいない。弱音を吐くようなことを言っていても、実は「チャンスがあれば」とみんな思っている。でも、百人のトーナメントでも千人のトーナメントでも優勝を手にするのは、たった一人だ。残りの九十九人か九百九十九人は道場で投げ飛ばされる。寝技や判定もあるが、ここは投げ飛ばされるにしておく。つまり、みんな失敗するわけだ。ここでも失敗は法則である。山下選手は、一九七七年十月～一九八五年四月の八年間で二百三連勝するが、彼は天才である。僕たちの場合、彼のように勝ち続けることはできない。

山下選手は、ロス五輪の時、二回戦のシュナーベル（西ドイツ）戦で右足ふくらはぎ肉離れというアクシデントに見舞われる。左組みの山下選手にとっては重要な軸足のケガである。本人にとっては痛みをこらえての辛い戦いだったに違いないが、それでも次の試合に出ることができた。これが、骨折なら、到底出場できなかったはずだ。だから、先ほどの話になる。トーナメントで負けてもいい。受身の練習をしっかりして、大ケガをしなければ、投げ飛ばされたことが経験知になるし、自分の技を磨くことにつながる。そして何より、次の試合（チャンス）にエントリーできる。首の骨を折ったり、腰を痛めたりして選手生命を奪われたら、次のチャンスはなくなる。

ゲームにたとえれば、ポーカーだ。学生時代に僕がアルバイトをしていたクラブ（僕らの頃はディスコと呼んだ）で、セブンポーカーが流行っていた。店が閉まって、後片付けをして夜中の二時頃から朝まで御開帳だ。十人ぐらいでゲームが始まる。皆さんもマージャンやトランプゲームをしていて気づくと思うが、ツキは回る。特に長い時間継続するとその法則がよく分かる。それでも、最終的に勝利を収めるヤツは大体決まっている。俗に「強い」と言われるヤツだ。当時は、大体一晩で百ゲームしていた。十人のプレーヤーに均等にツキが回ってくるとすれば、一人平均十回勝つことになる。僕は、ある時からゲームの行方をノートに取り始めた。誰が何回勝って、一ゲームでいくら勝ったか。一晩戦い終って結果を見ると、勝ち数にさほどの差がないことが分かった。みんな同じぐらいの回数は勝っていた。中にはツキから見放されたようなヤツもいるにはいるが、何日かにわたってデータを採ってみると、やはり平均化していることが分かった。つまり、定説のようにツキは回っていたわけだ。

しかし、よくよく観察していくと、勝つ回数はほぼ同じでも勝つ時の額が違うことに気がついた。強いヤツは一回の儲けが大きい。そして確率から言うと、強いヤツも負けは平均化しているわけだが、一回当たりの負けの金額が少ないのだ。大きく勝って小さく負けていた。つまり、強いヤツというのは、受身が上手だったということになる。

僕は強かったのか弱かったのか。当然、弱いに決まっている。強かったらこれほど必死になってデータを採りはしないだろう。弱いから問題意識があったのだ、というのは少々自己弁護めいているかも知れないが…。

ベンチャービジネスもまったく同様で、ワンチャンスで上がれる人は稀だ。みんな失敗しながら強くなる。失敗は宝物だ。色んなことを教えてくれる。負け方もそうだが、負け方が分かればそのノウハウは勝ち方につながる。

●失敗経験で痛みを知る●

普段、僕がいつも言っていることであるが、失敗には「痛み」が付き物だ。先ほどのポーカーの例で言うと、僕のアルバイト代が自分の財布から次々と消えていった、これが痛みだ。この「痛み」は失敗した者にしか分からない。「痛み」は当事者が体感するものであるから、いくら親しい人でも、同じ痛みを分かち合うことはできない。

僕が『ベンチャー失敗の法則』と題した講演をすると、講演が終わってご挨拶に来られた方の中に「いや～吉田さんの言う通りですよね。僕たちはもっと失敗事例を学ばなければダメですよね」などと、トンチンカンなことを言ってくる人が必ずいる。「過大な設備投資で倒産」「本業以外の事業に社長がのめり込んで倒産」「息子への事業承継に失敗、倒産」といった事例について見聞きしたことは、『他人のふり見て我がふり直せ』という教訓とはなり得ない。他人のふりを見て我がふりを直せるようであれば、もともと失敗などしないのかも知れない。確かに、同調したり、同情したりすることはあっても、自分の痛みに引き寄せることはできない。それが失敗事例からは学べないという、失敗独自の法則である。多くの場合、他人事としか捉えられないものである。

あなたは、雪道で転んでいる傍らの友達を見て、大笑いした経験はないだろうか。そして、笑っているうちに自分も転んだという経験もあるのでは？　雪道で転んでいる友達を見た僕は、「あほやな〜。雪道は滑るんやで…」と思って友人のことを見ていたとする。ところがその時、「自分も気をつけなくては」とは思わない。何故なら僕は雪道が滑ると、知識として知っているに過ぎないからだ。でも、次の瞬間、自分も転んでしまう。お尻を押さえて「アイタタァ」。これが「痛み」である。

それから数日後、同じように、また、雪道で転んでいる友達を見て僕は笑っている。でも、今度は転ばない。僕は転んだら痛いし、服もドロドロになるのを知っているから注意して歩いている。この時の僕は、雪道は滑るという知識を持っているだけではない。転べば、「痛い」ということを実体験として分かっているのだ。失敗経験で大切なのは、その「痛み」である。失敗ノウハウと痛みはセットでなければ機能しないのだ。

失敗の痛みが、同じような場面に直面した時、理屈より先に信号を送ってくる。この信号がその人の行動や考えを修正したり、立ち止まらせたりする。「転んだら痛いよ」と言われても、転んだことのない人には痛みは分からない。だから、それを知るには「転ぶ」しかない。そうして「転んだ経験」＝「失敗」は、失敗した人の宝物になるのである。

Coffee Break Vol.5

人と付き合うということ

友達になるなら個性的な人がいいですよね。「個性」の対極は「平凡」になるのでしょうか。その辺はよく分かりませんが、僕は個性的な人が好きです。でも、この個性的というのは言葉を換えると「変わっている」とか「変わり者」とか「変なヤツ」ってことですよね。僕もその部類かもしれませんが…（笑）。

でも「変わっている」って言われるのは僕にとって褒め言葉です。「変わっている」とは、つまり人とは違うっていうこと、個性的ってことだと思っています。僕自身が変なヤツなんで分かるのですが、この変なヤツ、変わったヤツと付き合うには、それなりの「訓練」が必要です。そこでまず、「変わっているヤツを見つけて、そいつに好奇心を持つ」これが第一歩です。仕事の場面や交流会などで、変わっているヤツを積極的に見つけましょう。まずは風体から判断すればいいです。変わっているヤツって見た目も変わっていますから分かりやすいです（笑）。変わった匂いもします（笑）。分かりやすく言えば、子どもになれば見つかります。子どもって見たことないこと、初めてのものには無条件の好奇心を持つでしょ。何でも見つけるとよちよち近づいていく、これが大切。

人間、年を取ると保守的になります。分からんものに出くわすと不安が先に来て、否定的になったりします。「分からん＝間違っている」って無意識に解釈し、分からないまま放置しようとします。距離を置いて眺めているうちに段々否定的になり、最後は「オレには関係ない」と決めつけてしまうのです。そんな無意識の否定が自分の中にあると、自分にとって分かりやすいものとか、昔から身近にあるものとか、そんな安易なものとばかり付き合ってしまいます。つまり、居心地はいいですが、分かり合えた者同士の狭い世界で生きることになります。これってもったいない話ですよね。

変わったヤツが集まって酒を飲むと、収拾がつかなくなります。まったく「種」も違えば「類」も違うヤツが集まっているわけで、そいつらが一箇所に集まって酒を飲むのですから、事件が起こって当たり前。そこで大切なことは、「あなたの意見への反論はあなた自身を否定するものではない」というルールと、「異なる意見を理解する」という姿勢です。僕もそうなんですが、自分と違う意見には反論したくなります。「それは違う」と、どうしても言いたくなります。しかし、まずは、最後まで相手の意見を聞いて、相手の意見をしっかり理解することが先決です。でないと反論のための反論になってしまいます。議論に勝つことに大きな意味はありません。勝ったからといって偉いこともなければ、誰かを服従させることもできません。結果はその反対です。僕たちは人を評して、「あの人は人格者ですね」とか「人間ができている」とか言いますが、僕は人格者の定義って、「人に対するキャパ（度量）の広い人」のことやと思うんです。どんな人でも受け入れられる心の広さやと思います。ガンジーや野口英世やマザー・テレサに「苦手な人」がいるなんて似合わないですもん。

「自分を理解してもらうためには、まず相手を理解することから始めましょう」なんて日本広告○構の標語みたいですが、やはり、「わたしはあなたのことを理解したい…」この思いが大切かな。

Coffee Break

ベンチャー受身術～七箇条

柔道と同様に受身が重要になる武道に、合気道がある。

そもそも合気道とは、相手の戦意を喪失させることを目的とした護身術であり、争わないというのが土台にある。合気道の場合は何度も起き上がり相手と対峙し続けなければならないため、起き上がることを前提にしており、柔道とは足の形が違う。受身にも色々な型があるが、いずれも頭部を守るのが第一義である。

ベンチャービジネスにとっての受身は柔道型でもあり、合気道型でもある。事業から撤退する時は試合の終わりを告げているので柔道型。日々のビジネスでの失敗はすぐに立ち上がって体勢を整えなければならないので、合気道型だと言える。武道では頭部を守るのが第一義なら、ベンチャービジネスでは第一義として何を守るべきか。それは、一番ダメージを受けてはならないもの、一番大切にしなければならないものである。このことがよく分かっていない人が多いように思える。

●受身術その一――ネットワークを守る●

失敗して失うものに「お金」がある。借金が残ったり、自己破産したりするため、お金が一番大切だと勘違いしやすいが、失敗する際に一番に守らなければならないのは、「ネットワーク」だ。

ネットワークとは、貸借対照表に載らない無形資産だと心得てほしい。

ネットワークは、換言すれば「信頼」とか「信用」になる。人と人を繋いでいるのはそんな、目に見えない価値である。ビジネスにおける信頼や信用はお金を媒体にしてはいるが、その本質は決してお金ではない。

サラリーマンが仕事上で関わっている人のほとんどが、取引先や仕入先、或いは協力業者といった利害関係者ではないだろうか。すでに取引があったり、近い将来に取引が始まる予定の人であったりする。「ちょっとご挨拶」とか「業界の寄り合いで…」といった軽いお付き合いもあるが、まったく仕事に関係ない人とのお付き合いは少ない。利害関係がある人が九〇％で、ない人が一〇％ぐらいの比率ではないかと思う。しかし、ビジネスを成功に導こうとした場合、その数値が逆転していることが望ましい。

たとえば、僕のネットワークは、特にこの二年、あきない・えーどという公的な機関のマネジメントをしているので、利害関係のない人とのお付き合いが多くなったが、こうした傾向は以前から変わっていない。僕に「いい影響を与えてくれる」と思った人とはお付き合いが始まる。これを書いてる五月にも我家でホームパーティをした。四十人ぐらいの仲間が集まってくれたが、ネットワークの系統はバラバラだ。あきない・えーどの会員やスタッフ、元スタッフ、あきない・えーどの外部の協力関係者、顧問先の関係者、SOHO組合の仲間、サラリーマン時代の友人、学生時代の友人、あるオフ会の仲間、知り合いの社長などなど、そんな種々様々な人達が集まってくれた。初対面の人も多くいた。

その中で現在、僕と利害関係がある人は五人もいなかったと思う。しかし、将来は分からない。この中から僕のビッグ・クライアントが生まれるかも知れないし、友達の友達がいい仕事を紹介してくれるかも知れない。パーティは将来のクライアント探しが目的ではなく、僕を筆頭にして楽しい時を過ごしたいという人たちが集まったというだけである。だが、偶然とは言え、僕の仕事のすべてがこうしたネットワークから生まれているのも事実である。大阪市とのお付合いも僕の友人の紹介で始まり、あきない・えーどが生まれた。

現在の顧問先もすべてこのネットワークからの紹介である。このネットワークが僕の資産だ。

利害関係があるかないかは別にして、このネットワークが武道で言う「頭」ではないかと僕は思っている。ネットワークという信頼・信用は、一旦崩れてしまうと修復は非常に困難であり、事業経営にとっては大きなダメージとなる。逆にこのネットワークさえあれば、いくらでもやり直しが可能だ。もし、投げ飛ばされても、上手に受身でかわし、ネットワーク（頭）を守ることができれば、次の試合にエントリーできる。失敗によってネットワークにダメージを受けないようにすることが大切なのだ。

アントレプレナーにとってネットワークは最大の資産であり、ヒト、モノ、カネ、情報、すべての源泉なのだ。

●受身術その二――早く失敗する●

次に「時間」。ネットワークと同じぐらい、「時間」は大切である。受身の術で「時間を守る」とは、「早く失敗する」ことを言う。失敗するのに時間をかけてはいけない。時間はすべての人に平等に与えられた資源であり、大企業にもベンチャーにも中小企業の社長にも一日は二十四時間だ。特にスピードが要求されるベンチャー企業は、無駄な時間を費やすことを極力避けるべきだろう。

「石の上にも三年」と言うが、今の時代、つらい時期を長く我慢したからと言って、よいことが起こるとは限らない。

ドッグイヤーと言われる時代、一年が七倍のスピードで進む。三年もがんばれば、二十一年もがんばったことになってしまう。「失敗の仕方とは受身の練習や」と言った友人の弁護士が、もう一つ名言を吐いている。「ケツを割ることをためらってはいけない。何故なら、もともと、ケツは割れているものだから」。駄目ならば退くという潔さも必要だということだ。

ところが、さっさとやめられない事情がある。やめられないと言うか、失敗できない理由があるのだ。創業する人は、自己資金と融資で事業をスタートさせる。しかし、ベンチャービジネスを立ち上げようとした場合、融資を受ける際に本人に信用や担保がないケースが殆どだ。そこで、父親の家を担保に提供してもらったり、叔父さんに保証人になってもらったりして事業が立ち上がる。事業を拡大する時も、身内の支援が必要だ。事業がうまくいかなくて、資金が必要な時にも同じように身内に頼ることになる。

これらの話から推察できるかと思うが、アントレプレナーは一族の命運を握っていると言っても過言ではないのだ。もし、自分が失敗すれば一族もろとも路頭に迷うことになってしまう。日本でビジネスに失敗するということは、家族の崩壊を意味する。だから、絶対に失敗はできないと踏ん張るわけだ。

事業が行き詰まった時に「何とかしなければ。あと一千万円あったなら…」と考えてしまう。しかし、スタートアップ時点ならまだいいが、うまくいかなくて幾度にもわたって身内に頭を下げていると、もう頼めなくなる。そこで、街金融や消費者ローンに走ることになる。年利は二〇%以上だ。それだけの高い金利を支払って融通した資金で「何とかなる」のはせいぜい三カ月ほどだろうか。三カ月後には同じように資金が不足するという悪循環が起こる。そして、また他の消費者ローンに走る…。

これらが失敗に時間がかかる原因だ。

そしてさらに、「会社を畳んでどうするのか」、という不安が失敗の時間を遅らせる。自分にはこれしかできないという思い込みを、アントレプレナーは多かれ少なかれ持っている。事業そのものを天命と思っているので、「他に生きる道がない」と錯覚してしまうのだ。実はそんなことはない。成功者と言われる社長にほぼ共通しているのは「今の成功は、最初に起こした事業とは違っている」ということだ。

先ほども言ったが、ワンチャンスで上がれるアントレプレナーは稀なのだ。言い換えれば、「道はいくらでもある」。自分のプランにしがみついてはいけない。

同じ失敗をするにも今日より明日、明日より明後日と時間が経てば経つほど負債は間違いなく増える。失敗するなら早く見切りをつけて、廃業或いは倒産を決めることだ。そうすれば時間という資源が守られ、失敗の傷を浅くする。

国民生活金融公庫総合研究所「『二度目の開業』に関する実態調査」では二度目の創業を果たした経営者の八割が前の事業から撤退した時期が適切であったと答えており、廃業直後に資産がある程度残っていて、負債が少なかったことが再生できた理由だと回答している。これらの数字に学ぶとすれば、早く失敗してダメージを少なくした場合の方が、再生の確率が高いということだ。

●受身術その三——撤退計画をビジネスプランに盛り込む●

ネットワークを大切にするということは、失敗した時にご迷惑をおかけする人を如何に少なくするかということだ。ゼロにはできないが、ご迷惑をおかけする方に対しても誠心誠意対応すればこちらの気持ちは伝わる。そのためにはその事業に対する撤退計画を最初から作っておくことをお勧めする。

撤退計画とは、撤退条件の基準作りだ。事業を撤退する状況に追い込まれた時を想定して、時間やお金の上限・下限を設けておくということである。よく、海外から日本市場に進出してきた外資系企業がいともあっさり日本から撤退してしまうことがあるが、この撤退条件を厳しく守っているのではないかと思う。撤退計画とは、つまり「こうなったらヤメル」という計画のことである。資金繰りがどういう状況まで追い込まれたらヤメル、といったことをビジネスプランに盛り込んでおく。

少し、具体的な例でお話ししよう。自己資金が三百万円以上なければ事業を立ち上げてはいけない。この自己資金とは自分で貯めた自分のお金のことで、再起する場合も同様だと考えて頂きたい。

第二創業やリターンマッチの方が「自己資金はありません」と言われるが、事業をしていたのだから、それぐらいのお金は何とかしなければならない。できないというなら、前の事業で受身術ができていなかったということだ。

まず、三百万円で事業を立ち上げる。ちょうど有限会社が創れる。計画通り事業が進めば、一年以内に株式会社にする。あと七百万円が必要だが、これは親兄弟、親戚、友人から集める。

ある若い起業家が「うちのオヤジは公務員で商売には反対です。オヤジから金をもらうのは無理です」などということを言った。僕は、「自分のオヤジも説得できないのに他人様が協力してくれるわけがない、バカモン！　まずは、最初の試練や、オヤジを説得しなさい」とケツを叩いた。

株式会社への組織変更と同時に、借入れの準備を始める。ベンチャービジネスならビジネスプランに新規性があるはずだから、創造法の認定を取りにいく。この認定を受けると保証協会の無担保、無保証人枠が二千万円与えられる。この制度を使って融資を受ければ社長の個人保証は必要だが、第三者の保証人、担保が要らないので失敗しても自分のネットワークに迷惑をかけることはない。それ以外にも商工会議所、商工会のマル経融資とか国民生活金融公庫の創業融資など、なるべく無担保・無保証人の制度融資で資金を調達する。

自己資金で三百万円、自分に一番親しいネットワークで七百万円、創造法を活用すれば無担保、無保証人で二千万円、合計三千万円が準備できる。これだけあれば、大抵の事業を立ち上げることができる。大企業の子会社がバイオ部門に進出するとか、大学の先端技術を事業化するなら何億円という資金が必要になるかも知れないが、アントレプレナーが自分で事業を立ち上げるならスタートアップ資金は三千万円あれば充分だ。これ以上必要になる場合はビジネスプラン自体が間違っていると思って、再度、資金計画の見直しをした方が賢明だろう。

これだけの資金で一年間がんばって小さな実績を上げれば、次のステージに上がれる。ここからは直接金融（株式や社債発行による資金調達方法）が可能になる。実績はまだまだ小さいが、事業のビジョン次第ではベンチャーキャピタルの投資案件になるはずである。もし、この事業が失敗しても父親を筆頭に縁故で七百万円、保証協会に二千万円の負債が残るだけであり、これくらいならばどうにかして返済することができるはずだ。この三千万円で事業が当初の目標通り進捗しなかった時は、追加の融資や再投資を考えずにこの事業から撤退するという計画が必要だ。これが撤退計画である。

これを明確に計画しておかないと、「あと一千万円あったら何とかなる」との思いが、負債を大きくしてしまう。さらに、これ以上の借入れをした場合は、保証人や担保が必要になるので、このマイナス事業に周りの人をどんどん巻き込んでいくことになる。

従って、この撤退計画は堅固に守られるべきものであり、土壇場になって数字を書き換えるようなことがあってはならない。事前に想定していたダメージで留めることができたなら、再起の可能性は残されているはずだ。

●受身術その四——撤退条件を親しいヒトに公表する●

ビジネスプランに撤退計画を明示していても、いざそうなった時に決めたように行動するのは難しい。「失敗できない理由」でも書いたが、「何とかしなくては」という責任感と、「僕にはコレしかない」という思い込みや失敗することへの敗北感、見栄、プライド、そんなものが入り混じって撤退計画通りに行動できなくなるのである。

そこで、この撤退計画を信頼のおける親しい人たちに公表しておくことをお勧めする。いざとなった時にどうしても「何とかしよう。何とかしたい」と、もがいてしまうものだ。それだけ自分が生んだ事業はかわいい。しかし周囲に公表しておけば、「これ以上できない時には、ヤメルという約束だったはず…」と周りが諌めてくれる。ヤルにしてもヤメルにしても僕たちは一人で何もできないと肝に銘じるべきだ。

ここでもネットワークがキーになってくる。

●受身術その五——失敗をリアルにイメージする●

アントレプレナーは、成功のイメージと同じぐらい失敗のイメージがリアルに想像できなければならない。上場記念パーティで挨拶する自分と、事業に失敗して誰もいなくなった、椅子も机もないがらんとしたオフィスに一人立ってる自分。この両方を想像できるようでなければならない。

余談になるが、創業の時も同じがらんとしたオフィスから始まる。不動産屋さんに物件に案内してもらい、自分がこのオフィスで事業をしているイメージを膨らませ、そのイメージがぴったり合ったなら「いいなぁ、ここ。ここにしよう」と言って契約する。そして、机と椅子を買って、パソコンを電気屋街に見に行って、書庫と冷蔵庫と壁時計は友達から譲ってもらい、事務所開きを身内に祝ってもらう。事業が安定し、軌道に乗ってと段階を踏んでいくうちに、モノも人も増えていく。

ところが、事業に失敗し、事務所を畳むとなれば、いらなくなった書類を廃棄し、デスクや椅子を片付け、壁に貼り付けてあったスケジュールボードを引っ剥がしてリサイクル屋に引き渡す。床を掃除し終えれば、また何もないオフィスで一人になる。一人でスタートして、一人に戻るのだ。ビデオの巻き戻しみたいなものだ。ここでまた、不動産屋さんが登場する。「お世話になりました。これカギです」と言って、不動産屋さんにカギを返却し、原状復帰を確認してもらい、経営者としての自分に仕事は終わりを告げる。当然、入ってきたドアから出ていく。一つぐらいは大きなため息をついてもいいと思う。

「はぁ～」。

でも、表に出たら、「さぁ、次や、がんばろう！」と自分を励まさなければならない。

●受身術その六——消費者金融には手を出すな●

手形の決済に追われて、方々で借金をし、どうしようもなくなって「あと○○万円あれば何とかなる」と言って駆け込むのが街金融だったりする。ところが、こうした金融会社の金利は非常に高いため、その金利を支払うために、また別の街金融に駆け込む。そのような借り方をしていると、雪だるま式に借金を増やすことになる。

資金繰りに窮したとしても、消費者金融や街金融を利用するのは論外だ。経常利益を一〇%出せば、優良企業だと言われる時代にあって、普通の事業で二〇%や三〇%といった高金利の利子が払えるわけがないのだから。

●受身術その七——自己破産はしない●

僕はいつも「自己破産はしたらアカン」と言っている。アントレプレナーは特にそうだ。二代目や三代目の場合は先代からの借入れがあるので、自分が個人として返済するのは不可能な金額になっているかも知れないが、アントレプレナーの場合は全部自分で作った借金だ。だから、返済できる金額のはずだし、返済できる金額で止めておかなければならない。

だから、自己破産はいけない。自己破産するということは今の難局からほおかぶりをして逃げ出す、或いは、頭を抱えて災難の通り過ぎるのを「待つ」ことを意味する。自己管理責任から逃れるような無責任さは、ネットワークに大きなダメージを与えることになり、再起を困難にしてしまいかねない。

そして当然のことながら自分自身の精神的ダメージも大きい。たとえやり直しがきく状況であっても、自ら「人間失格」の烙印を押してしまうことがある。自分自身が自分の人間性まで否定してしまうのだ。落ち込んでいる暇などないはずなのに…。だから、自己破産はしたらアカン。

Coffee Break Vol. 6

中元歳暮の極意

「暮れ～の元気なご挨拶～♪」なんて聞こえそうですが、その中元歳暮のお話です。「サラリーマンのプロ」を自称するオヤジが、若葉マークのサラリーマンだった僕に『中元歳暮の極意三ヶ条』を伝授してくれました。

一、中元歳暮は一度贈ったら、一生贈り続けること。途中で止めたらアカン。
一、中元歳暮は夏も冬も時期になったら一番に贈ること。
一、中元歳暮は同じものを贈り続けること。

「まーくん（僕のことです）な、中元歳暮というのはお世話になった人に贈るものやけど、今年お世話になったから、今年贈るというもんやない。そのお世話を季節毎に感謝して贈り続けるもんや。だから、どなたに贈るかはよ～く考えて、一旦贈ったら一生贈り続けなアカンよ。会社や役職名に贈るんやないで。人に贈るんや。そんで、どのみち大したもんはできへんねんから、季節になったら一番に贈ることや。中身は大したことなかっても、毎年一番に贈ってると、吉田君からご挨拶が届いたら『中元の時期や』とか『お歳暮の時期や』って先方さんでは思わはるようになる。中元歳暮＝吉田君や。それと、贈るものは変えたらアカン。毎年同じものを贈った方がいい。中元も歳暮も同じものを贈り続ける。そうしたら、先方さんはまーくんの中元歳暮をあてにしはるようになる。『あてにしはる』つまり待たはる。これが中元歳暮の極意や…。分かったか…」

サラリーマン時代に派閥の力学で子会社に出向した上司にも、オヤジの教えを守ってずーっとご挨拶を続けていました。何年後かに本社に返り咲いたその方が役員会で、当時僕が立ち上げた社内ベンチャー事業に好意的だったと聞いて、やっぱり手の平返すようなお付き合いはアカンってつくづく思いました。

二十年経った今でも僕は季節になったら一番に、オヤジが贈っていたものと同じものを贈り続けています。

僕の中元歳暮を受け取った先方ではきっと…、

「あなた、吉田さんがまた○○を贈ってきはったよ」

「うん。そうか、もう、そんな季節か…そやけど、ほんまアイツ、アホの一つ覚えやな…」

「でも、助かるんよ。特に冬はね。吉田さん、いつも贈ってくれはるから長いこと買ったことないし…」

さて、ここで問題です。この○○とは何でしょうか？

ながっている。

賢い幕引きの仕方

七つの受身術について見てきた。受身とは自分を守るためのものであるが、自分の周りを守ることにもつ

ビジネスプランに撤退計画を盛り込むべきだと言ったが、その撤退方法、つまり倒産の仕方にはいくつかある。任意整理、自己破産申請、会社更生法適用申請、民事再生法申請などである。本書の場合、再起が前提にあるので、いずれのケースで失敗に幕を引くにしても、受身の術を使い、メリットとデメリットを考えた上で再起しやすい方法を選択すべきである。

ご存じだろうが、自己破産するにしても、民事再生を申請するにしてもタダではできない。任意整理で自分で手続を行うのであれば費用はかからないが、何から何まで自分で準備し、金融機関との交渉も自分で進めていかなければならない。無理だということになれば、法定整理と同様に専門家の先生にご登場頂くことになる。そうなれば、弁護士費用が必要になる。法定整理を申請するにあたっては、負債額に応じた予納金を裁判所に納めることになる。当然、負債額が大きければ大きいほど、その額も高額になってくる。

もちろん、手続が完了し、申し立てが受理されたとしても、その間の生活費は必要であり、再起にあたっての事業資金も必要になる。起業を目的として資金を借りるならまだしも、倒産するためのお金を誰が貸してくれるだろうか。その辺りを考え合わせ、ある程度の現金を確保しておかねば、倒産もできないということになる。頑張って踏ん張って最後の最後まで会社を守ろうとして、ボロボロになってから倒産しては、再

起の芽は絶たれたも同然だ。

倒産を選択するのは、経営者としての責任を放棄したことにはならない。その時、誠意ある態度で対処したかどうかが、再起の可否を決めるのではないだろうか。

●賢い失敗～何を守って倒産するか●

資産と負債のバランスが崩れていて、大きく債務超過になっているから、自力でこのバランスを戻すのは無理だと判断し、自己破産する。でも、その時にこの貸借対照表に載らない「ネットワーク」という無形資産が、総資産の上に乗っていると思って頂きたい。

自己破産とは、この「ネットワーク」という無形資産もろともご破算にすることだ。このネットワークはお金に代えられないぐらいの値打ちがある。何故ならお金では買えないし、時間があっても手に入らない、自分の価値そのものを表すものだからだ。

この数年で僕の周囲の親しい企業がいくつも倒産した。そして、残念なことだが、その殆どの経営者が自己破産をしている。そんな中で、自己破産しながらも自分ができる精一杯の努力でネットワークを守った社長がいた。彼は三代目だが、これ以上の継続は難しいと思った時から、この事業をどのように畳むのかを考え始めたという。まず、今までお世話になった仕入先、得意先に迷惑をかけない方法を選択したいと考えた。そこで、支払手形を止めて、現金での取引にした。このようなやり方をすれば会社の寿命が余計に縮まるが、そうしないと負債がどんどん増えていく。並行して資産の売却を始めたが、極力、キャッシュフローの高い物件から売却していった。

次に、社員のことを考えた。過去の負債がなければ、充分利益の出せる事業だった。このまま何もかもをなくしてしまうのは、あまりにも不本意だった。社員に会社の状況について話をすると、社員の有志が自分達でこの仕事を続けていきたいと言い出した。その彼らがまず退職した。その後、彼らはこの会社に競合する会社を立ち上げた。

そして彼の会社は倒産した。社員で創った新会社は、今も順調にいっている。仕入先も得意先も、彼らが事業を引き継いだことに大変好意的だったという。

倒産した社長は日頃から人望のある人だったが、失敗の仕方がよかった。まずは社員も含めた自分たちのネットワークを一番に考えた。自分のことは後回しだった。

ネットワークさえ守れば、後のすべてを失っても、ネットワークが自分のことを考えてくれる。きっと、彼の場合も…。

●何を守ってステップアップするか●

もう、二十年以上も前、僕が家具メーカーに勤めていた時の話。

会社の代理店（家具の問屋）の営業でY君というのがいた。そのY君は一言で言うと、「できる営業」だった。彼は毎年、担当地区を変えてほしいと社長に進言する。ルートセールスをしたことのある人は分かると思うのだが、担当地区が変わるというのはエネルギーのいることだ。ツーカーの仲になるまでがんばって人間関係をつくってきたわけであるし、違う地域に行けば、また新しい得意先と一から関係を構築していかなければならなくなる。

ところが、Y君は「今度は北陸を担当させて下さい」。翌年には「社長、今度は京都を」、その次の年には「大阪を担当させて下さい」と毎年担当地域の変更を願い出た。Y君が担当したエリアは売上げが上がるので、仕舞いには社長が「Y君、滋賀の売上げが落ちてな、一つ、立て直してくれるか」などという話になった。彼はそんな風に近畿のエリアのほとんどを担当した。

実はY君は家具の問屋として独立する計画を立てていた。ところが、信用もなければお金や資産もない。あるのはこの営業力だけだ。独立の準備が整った頃、彼は今まで担当した近畿全域の得意先の社長を回り始める。Y君が担当したエリアの売上げが上がったのは、彼が得意先の役に立つ仕事をしていたからだ。得意先の支持がなければ、売上げは上がらない。

Y君は訪問した得意先に「社長、実は僕、独立を考えています。もし、僕が独立して問屋を始めたら、僕から商品を買って頂けますか」と言って回った。すると社長は、「そうか、独立するんか。君はいずれ独立すると思っていたよ。分かった、買ってやる。ただ、いい商品でないと買わないが…」。Y君はその返事を待ってましたとばかり…「分かりました。いい商品を持ってきますから、ここに会社名と社長の名前を書いて下さい」と芳名帖を出した。その表紙には「Y君を応援します。私は彼の得意先になります」と書いてあった。ページを開くと近畿の有名家具店の社長や専務や仕入責任者の署名でいっぱいだった。それを見た社長たちのY君株はまた上がる。「やっぱり、コイツはしっかりしとる」。彼は、近畿の有名家具店二百軒分の署名を集めた。

Y君はこの名簿を持って東京に行った。当時、楽器、音響メーカーがシステムキッチンや収納家具で家具市場に参入してきた時期だ。彼らはピアノやスピーカーで蓄積した木工技術や素材の調達ルートを持っていた。この社内リソースを活用して家具の製造を始めたのだ。Y君はその楽器メーカーや音響メーカーを訪ねた。

家具と言えば地場産業なので府中や大川が産地として有名だが、それらの地域にはフランスベッドを筆頭に数社のナショナルブランドがある。Y君はこれらのメーカーをメインにするのは難しいと考えていた。家具業界も古い体質が残っていて、新参者がこの古いネットワークに割り込むことはできない。いや、すべきではない。そんなことをすれば既存の問屋に潰されてしまう。そこで、新しいマーケットに着目した。それが、新規参入の楽器メーカーや音響メーカーだった。

東京でY君は仕入先開拓に奔走する。面談に応じてくれた担当者に「僕はただの営業で、お金もなければ信用もない。人もいなければ会社もない。御社と比べようもないどこの馬の骨か分からん者です。ただ、僕には『お前からだったら買ってやる』という将来の得意先が二百軒あります。これを担保にお取引を願いします」と言った。

結果的にY君は、大手楽器メーカーのインテリア部門の京滋総代理店となった。

この例を見て、お分かりだと思う。ネットワークは無形資産だ。その資産を守るために、僕たちは受身の練習をしなければならない。守らなければならないものの本当の価値を知っておいてもらいたい。これを捨てたら、その先の成功はあり得ないのだから。

リスクマネジメント

ベンチャーにおけるリスクマネジメント

ベンチャービジネスの経営手法の中に、「リスクマネジメント（危機管理）」という概念がある。一言で言えばリスクを予測し、事前に対応策を用意しておくことで、リスクが現実化してもその影響を最小限に抑えようという考え方だ。「リスクマネジメント」はもともと、アメリカで保険理論として生み出されたもの。今では経営や都市災害、医療などの分野に応用されるなど、非常に関心が高まっている。

このリスクマネジメントにおける僕の師匠は、伊集院剛史氏である。彼はリスクサービス株式会社の代表であり、神戸にあるNPO・リスクマネジメント推進支援機構「リスク・エイド」の理事でもある。このNPOは地域社会における様々なリスクについて、研究やマネジメントを行っている機関である。伊集院氏は企業や地域、家庭に個人、病院から学校まであらゆるところに存在するリスクと「いかにうまくお付き合いするか」をコンサルティングするプロだ。ここで紹介するリスクについての話のほとんどは伊集院氏からご教授頂いたことであり、それを僕なりにベンチャービジネスにおけるリスクに置き換えて説明していこうと思う。事業活動を行う上で、極力リスクを少なくするよう努めなければならないが、全てのリスクを排除することはできない。従って、リスクとうまく付き合う方法を見つけようというのが、リスクマネジメントの考え方だと捉えて頂ければいいだろう。そして「受身の練習」にこの手法を活かそうというのが、この節の目的だ。まずここで、リスクという概念をはっきりさせておこう。リスクには「純粋リスク」と「ビジネスリスク」の二種類がある。天災や自動車事故など、損失のみを発生させるのが「純粋リスク」。為替変動や法律改正、ベンチャー経営といった危険（損失の可能性）もあるが利益（リターン）の機会もあるというのが、「ビジネスリスク」である。純粋リスクのヘッジが「守り」ならば、ビジネスリスクのヘッジは「攻め」だと言える。

伊集院氏がこんな話をしてくれた。「吉田さん、ビル火災ってこれまでいくつもありましたよね。その火災を体験した人の話で、パニックになると地上が近くに見えるそうです。最初、窓から見た地上は確かに十階の高さだったのが、火に追い詰められ、通常の精神状態でなくなった時、地上が近く見えて『飛び降りられるかも』と思ってしまうらしいんです」。

これと同じような心理が、ビジネスの世界でも働く。「もうだめだろう」と第三者には見えても、本人にとっては何とかなるように思えるというケースだ。まるで十階建てのビルから飛び降りるようなものじゃないか、というようなことを平気でしてしまう。

では、ここで、ビル火災の話を例にして「どっちのリスクが高いか」を考えてみることにしよう。

問：ホテルで火災が発生した。ドアを開けると通路は煙でいっぱいだ。十階から飛び降りる人と、四階から飛び降りる人のリスクはどちらが高いか。

この例を「ビジネスリスク」で考えてみる。リスクを単に損失の可能性ではなく、「求めるリターンを得

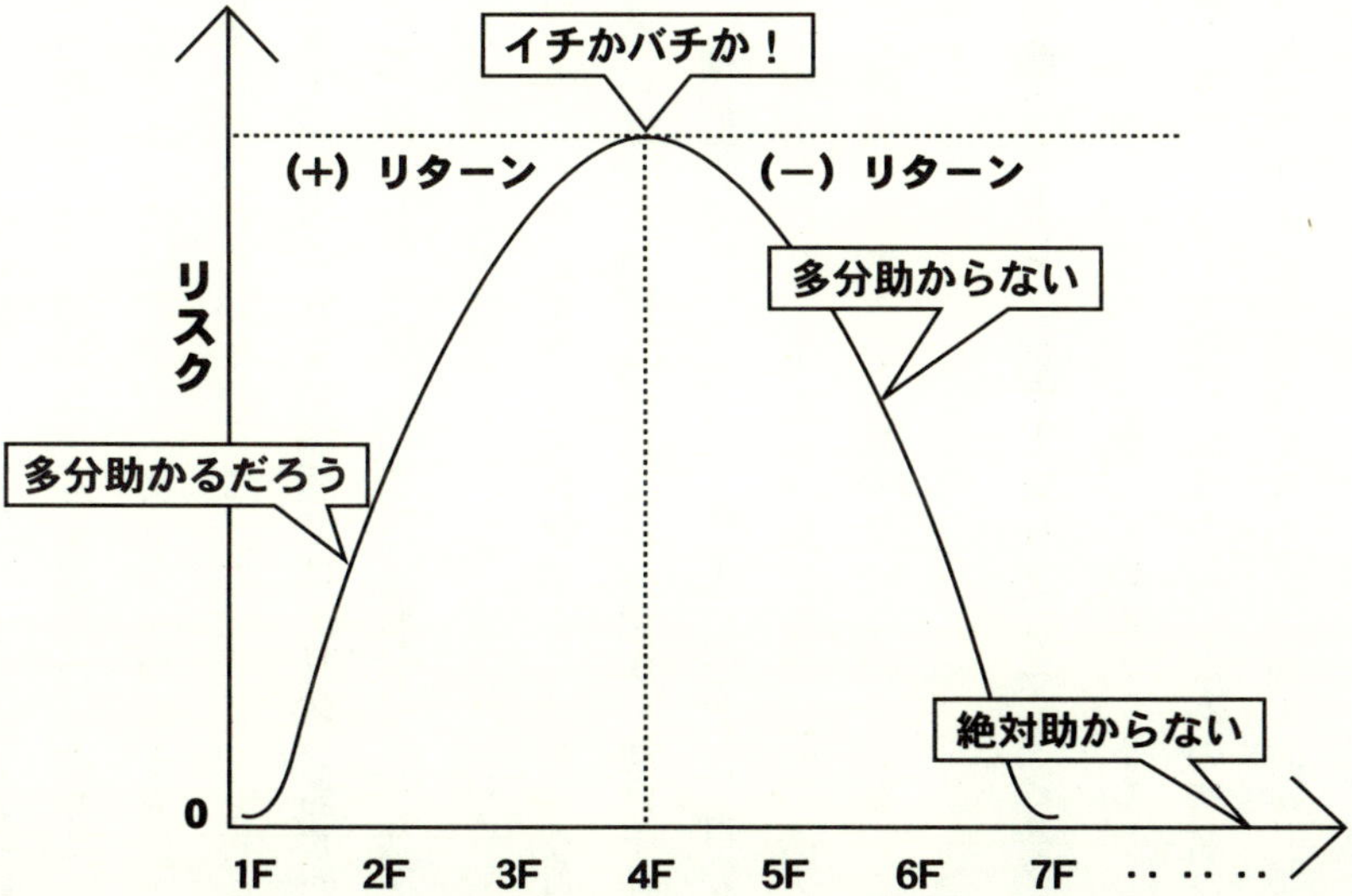

るにあたっての不確実な要素」として捉えてみると、上図のようになる。この質問が求めるリターンとは「生きる」であり、不確実性の要素とは「ビルから飛び降りて無事でいられるか」ということだ。

正解：四階から飛び降りるリスク値は最高。十階から飛び降りるリスク値はゼロ。

これが一階だとしたら、「生きる」というリターンは確実なのでリスク値はゼロ。四階ぐらいが「イチかバチか」のラインになるだろう。生きる確率も高いが、大ケガをしたり死ぬ可能性も高いからだ。従って、リターンは辛うじてプラスだが、リスク（不確実性の要素）は最高値になる。上階になるにつれてリスクは高くなるが、プラスマイナスの境目を越えた時、上の図では四階を越えた辺りから、「生きる」というリターン（目的）はマイナスになる。「多分助からない」から「絶対助からない」になる。

ここでもう一度ビジネスリスクの定義を確認してみよう。ビジネスリスクとは、「求めるリターンを得るにあたっての不確実な要素」である。十階から飛び降りれば間違いなく死ぬであろうから、「求めるリターン」は得られない。と同時にそれを得るためのリスク値（不確実性の要素）もゼロということになる。つまり、ここで言えるのは、ビジネスリスクの考え方によれば、「四階よりも十階の方がリスクが高い」という結論に必ずしもならないということだ。

リターンが得られない場面では、リスクもまたあり得ないのである。

では、僕たちが十階で火事に遭遇したらどうすべきなのだろうか。ドアを開けると通路は煙でいっぱいだ。まず、「煙」を見てパニックになってはいけない。窓の外は煙もないし、火も追ってはこないが、自分が十階にいることをまず冷静に判断できなければならない。冷静に判断すれば「窓から飛び降りる」という選択肢はないはずだ。残る選択肢は「窓から助けを呼ぶ」。または煙でいっぱいかも知れないが、「廊下から逃げる」。選択肢はこの二つだ。廊下に出るには自分の体力とも相談しなければならない。助けを呼ぶならタイミングが重要だし、条件を冷静に検討して、いくつかの代替案の中から、「求めるリターンを得るにあたっての不確実な要素」が一番少ない行動を取る。これがリスクマネジメントの考え方である。

●アントレプレナーのリスクマネジメント●

では、日々、リスクと戦っているアントレプレナーのリスクマネジメントはどうあるべきなのだろうか。

最年少で世界七大陸最高峰を制したあの著名な冒険家野口健氏も、エベレストに登頂寸前のところまで行きながら、悪天候や体調を理由に二回も断念し、引き返した。この時は、「あと少しなのに…」という感情との戦いだったと思う。しかし、冷静な判断で野口氏は自分の強い「欲望」に勝った。そして、登頂断念の基準がきっちりと定められていたこと、また、それを厳守したことが、結果的に彼の命を救った。アントレプレナーも、「撤退」する際の基準を持っておかなければ、遭難する恐れがあるのだ。野口氏は判断を誤ることなく、生還を果たした。そして三度目に登頂に成功する。

アントレプレナーが生き残るためには、

●しっかりとした登頂プランを立てること。（ビジネスプラン）

●登頂を阻む要因を事前に予測し、対策を講じること。（リスクマネジメント・受身の練習・撤退計画）

●投資家のプレッシャーや、周囲の期待ムード、起業家としてのプライドや見栄、成功欲に押し流されることなく「無謀」な選択はしないという強い意思を持つこと。つまり、冷静に判断して、パニックにならないこと。

この三つのポイントを守るべきだろう。

「何故、リスクマネジメントが必要なのか」

答えはリスクをゼロにはできないからだ。日常生活に潜むリスクもゼロにできないのに、ベンチャービジネスでは絶対にリスクは避けて通れない。

先程のビジネスリスクの定義にもあるように、事業を継続していく中で「求めるリターン」が生まれ、その目的に向かって行動すれば、リスクはついてくる。換言すれば、目的がないところにリスクはないとなる。「失敗を恐れるあまり、研究に研究を重ね、創業する時に考えられるリスクを全てつぶした人の答えは『創業しない』という結論でした。一番リスクがないのは何もしないことです。それもまた選択肢の一つでありますす」と僕はよく講演で話す。リターンのあるところに必ずリスクは存在するのだ。

Coffee Break Vol. 7

禍福は糾える縄の如し

僕は死んだオヤジが大好きで、就職試験の時に「尊敬する人は？」と聞かれて「お父ちゃん」と答えたクチです。オヤジには口癖って言うか、色んな持論がありました。僕は小学生の時に始まって、成人してもそんなオヤジの話を何回も聞いています。

オヤジ曰く、「まーくん（僕のことです）な、『禍福は糾える縄の如し』って言うてな、編んだ縄みたいに禍が来たら福が来る。福が来たら禍が来る。ぐるぐる回るんや。ということは禍の時も次に福が来ると思ってがんばって、福の時も有頂天にならずに次に来る禍をやっつけるための心構えをしとかなあかん…。昔の人はええこと言うてはる」。こんな風な話やったと思います。小学生にとってはこの『禍福は…』って言いにくいし、難しい言葉が並んでいるんで、言葉を覚えただけで偉くなった気分でした。

中学生の時、十八点の数学のテストを母親に見つかって、「おかあちゃん、禍福は糾える縄の如しや、次はいいことがあるって…」って言うたら、思いっきり頭をはたかれました。

『批判に耐える』って話もよく聞きました。「何かの誤解で人から中傷や批判を受けることがあっても、絶対に言い訳したらアカンで。言い訳すればするほど誤解は深まるもんなんや。そんな時はじっと口をつむって、黙々と自分に与えられた仕事をやれ。見てる人は見てる。分かる人には分かるもんや。分かったな」なんて。子どもの頃からおしゃべりやった僕には、「口をつむって、黙々と…」なんて言われても、「ちと難しそう」

って思ってました。

それからオヤジは、『しんどい』という言葉が嫌いなようでした。と言うより、しんどいって言葉を聞くのが嫌やったみたいです。僕は中学、高校とバスケットをしていました。食事の時なんかに「練習がしんどい」って愚痴をこぼすことがありました。そんな時にうちのオヤジは間髪入れずに「しんどかったら、クラブ辞めとき」って言います。「誰も頼んでクラブしてもらってるわけやないやろ。お前が好きで入ったクラブやろ。しんどかったら、辞めたらええねん。しんどいってはたで聞いてる方がしんどいわ」って怒られました。サラリーマン時代にも「仕事がしんどい」って会社の悪口を言ったことがありました。その時もクラブ活動と同じロジックで「しんどかったらヤメ！」です。「ここだけの話やと言っても、口に出したら知らん間に顔に出るもんや。お前の顔には仕事がしんどいって出とる。しんどかったらヤメ！　辞めへんのやったら、しんどい言うな。口に出すな！」

これですわ…うちのオヤジは…。

前段でも書きましたが、僕はこんな話をオヤジから何回も聞いたことがあります。今から思うと、オヤジは僕に言い聞かせていたんやなくて、その時々の自分に言い聞かせていたんやないかと思います。

僕もこの年になって「禍」が「数学十八点」やないことは分かるようになりましたが、「口をつむって、黙々と…。しんどいとも言わずに…」は、いまだに無理そうです。

リスクのメカニズム

次にリスクのメカニズムについて。事故とか失敗はある日突然起きるように見えるが、実は失敗する要素とその経緯がある。リスク発生のメカニズムを知ることで自分の中にある失敗の要素「失敗のウィルス」を前もって分析しておくことができる。

ベンチャービジネスを飛行機にたとえると、離陸（創業）の時と着陸（衰退）の時が一番危ないというのは周知のとおりだ。事業という飛行機が、創業→成長→成熟→衰退→再生と飛行するなら、この着陸（衰退）の時に、うまくソフトランディングできれば、次にもう一度飛び立つという再生のチャンスが巡ってくる。しかし、このソフトランディングの方が難しい。ひょっとすると飛び立つよりも、着陸の方が難しいかも知れない。実は、着陸の技術は失敗の仕方に通じる。

さて、飛行機（事業）が墜落（失敗）することの原因を究明するにあたって、リスクマネジメントの視点から整理してみる。墜落するというリスクは、ペリル（直接原因）とそれを引き起こしたハザード（間接的要因）に分けられる。ペリルは整備不良、操縦ミス、他の物体との接触、ハイジャックなどだ。このペリルを生んだ背景には教育やモラル、判断の誤り、人手不足などのいくつかのハザードがあり、さまざまなハザードが絡み合ってペリルを発生させ、飛行機は墜落する。

ここまでの話でお分かりだと思うが、ペリルの発生確率を下げるにはハザードをできるだけ排除していくことが有効だ。そこで『ハインリッヒの法則』が参考になる。

アメリカの労災保険会社の研究部長ハインリッヒ氏は五十万件以上の労働災害事例について統計的に分析した。そこで解ったことは、重大損害約千七百件、軽微な損害約四万九千件に対し、危うく損害をまぬがれたもの（ヒヤリ、ハッと）が、約五十万件あるということだった。重大1に対して、軽微29、無傷300、ということになる。これが、かの有名なハインリッヒの法則（1：29：300の法則）である。この「ヒヤリ、ハッと」の原因になっているものがハザードである。

ハザードは大きく分けて四つに分類できる。

①**「物理的ハザード」**：飛行機の例で言えば、パイロットの突然の死や第三者からの攻撃などだ。
②**「モラール（士気）ハザード」**：不注意や過失による作業ミスや怠慢が生む過失のこと。
③**「モラル（道徳的）ハザード」**：悪意または故意によるものである。飛行機ならハイジャックにあたる。
④**「ヒューマン・エラーハザード」**：操作ミスや、よかれと思ってした行動が裏目に出たりするケース。

しかし、この四つのハザードを完全に避けることはできない。飛行機で言えば、飛べば落ちる可能性があるわけで、絶対に落ちないという状況をつくるには、飛ばないという選択肢しかない。

これらをベンチャービジネスに置き換えると、失敗する直接の原因、ペリルは「資金ショート」だ。どんなベンチャービジネスでも最後はお金がなくなって失敗する。資金が詰まれば事業は終わってしまう。百年赤字でも会社はつぶれないが、お金がなくなれば黒字でも会社はつぶれる。「あの会社は赤字でつぶれた」とよく言うが、正確には「赤字で、お金がなくなってつぶれた」のだ。

ベンチャービジネスの場合は、アントレプレナーに内在するこの四つのハザードが、資金ショートに繋がる間接的要因となる。成功の要因が「ツキ」や「運」であったとして、その「ツキ」や「運」がアントレプレナーに内在しているのと同じように、失敗の要因もアントレプレナーの中にある。

●肉体的ハザード●

まず、ベンチャービジネスにとっての「物理的ハザード」とは、アントレプレナーの死や病気だ。これには保険や代替案がきかないので、もし、そうなればその時点で事業は終わってしまう。実はこうしたケースは案外多い。病気で長く病むのは、悔やんでも悔やみきれない。ここで言う病気とは、肉体的なもののみならず精神的な病気もある。「自分でやれば、好きなことを好きにできる」とは言うものの、この「好き」の後には必ず責任がついてくる。アントレプレナーの日々はプレッシャーとの戦いだ。一般的に企業には社員数の五倍の利害関係者がいると言われているが、アントレプレナーの意思決定は一つ間違うとその人たちを路頭に迷わせることになる。こうした意思決定に伴う精神的ストレスは並ではない。若いアントレプレナーほど自分の健康を過信する傾向があるので、要注意である。

「物理的ハザード」とはベンチャービジネスでは「肉体的ハザード」だ。

余談だが、「健康」とは約束だと僕は思っている。若い人にいつも言うのだが、ビジネスの世界で信頼を勝ち取るにはまず「約束を守る」ことが最低条件である。色々な約束があるが、「時間」を守るというのは最低条件だ。この「時間」と同じレベルに「健康」という約束がある。僕たちは「健康で、この仕事を貫徹させます」というようなことを言葉に出して言うわけもなく、契約書に書くこともないが、健康について利害関係者との間で暗黙の約束をしているんだということは忘れないでほしい。健康とは一見して個人的なものに思えるが、実はビジネスにおける最低限の約束なのだ。

●リーダーシップのハザード●

次に、「モラール（士気）ハザード」。ベンチャービジネスではリーダーシップやチームワークと解釈する。チームが常に高いモチベーションをキープしていないと、ベンチャービジネスの高成長は支えられない。創業時からの仲間が分裂したり、社員の中にサラリーマン的考えをする者が出てきたり、といったハザードが売上予算の未達や開発の遅れなどのペリルを生む。

アントレプレナーは常にチームの向かうべき未来を熱く語り、その達成を誓い、「どのようにして、いつ、そこにたどり着くのか」の方針を明らかにし、個人とチームの目的を一つにして、みんなのエネルギーをまとめ上げなければならない。迷子になった者がいれば、元の場所に戻すことも大切だろう。

「モラール（士気）ハザード」とはベンチャービジネスでは「リーダーシップのハザード」だ。

●競合のハザード●

そして、「モラル（道徳的）ハザード」。僕たちは、市場という世界でいわば戦争をしているようなものだ。従って、その最大の敵は、競合である。

「まったく新しいビジネスなので競合相手はない」などと言うアントレプレナーがいるが、そんなモノはこの世にはない。宇宙旅行の専門代理店がこの世に一社しかなくても、火星に行くか、月旅行にするかで競合は生まれる。昔の公社や国営企業でない限り、マーケットを独占することはできない。タクシーを初めて事業化した人は、鉄道と馬車とバスが競合相手だった。しかし、タクシーのマーケットが成立し始めると類似したタクシー会社が競合相手になる。たとえまったく新しいサービスでも既存サービスが競合相手になるのである。競争相手とは、雨が降ったり、株価が上がったりするのと同じで僕たちにとってはアンコントロールな相手だ。彼らが次にどういう手を打ってくるか、それは彼らの自由だ。内的要因なら自分たちでコントロールできる。肉体的ハザードもリーダーシップのハザードも内部のことだ。アントレプレナーが注意し、管理し、意識することでコントロールできる。しかし、外的要因はそうはいかない。結果として競合は売上の減少という致命的なペリルを生むことになる。

そこで、アントレプレナーは競合他社によるハザードを意識し、アンテナを立てて常に情報を収集・分析し、それに対応しうる複数の代替プランを用意し、即対応可能な体制を組織に組み込む必要がある。

以上のことから、ベンチャービジネスでは「モラルハザード」を「競合のハザード」と解釈する。

●無知のハザード●

最後に「ヒューマン・エラーハザード」。ベンチャービジネスにおいては、知識や技術の未熟がミスを引き起こす。このハザードもアントレプレナーの中にある。マネジメントやマーケティング、財務や法務、特許に許認可とアントレプレナーには知っておかなければならない知識や身に付けておかなければならない技術など、ありとあらゆる能力が求められる。

しかし、現実にはアントレプレナーはあまりにも「無知」だ。何も知らない、何もできない、という人物が少なくない。三十年間のサラリーマン経験があるから能力が充分か、というとそうではない。サラリーマンを三十年もすると、誰でも世間知らずになってしまう。何故なら彼にとって会社が世界のすべてであったからだ。自分は会社であんな仕事もした、こんな実績も上げたと言う人がいるが、それが大きな勘違いだ。それは会社がした仕事で、会社が上げた実績だ。個人がしたのはその用意された環境の中で一部を担当しただけだ。アントレプレナーのフィールドはジャングルのようなマーケットである。「どこの馬の骨か分からないこのオレが、自分の手で事業の環境を獲得する」、この実力が必要である。知識・技術不足が意思決定を間違いに導く。アントレプレナーは毎日が勉強だ。少なくとも自分が無知であることは知っておくべきだ。

『無知の知』という言葉がある。テーマ的には東洋思想にありそうなイメージなので、ソクラテスの言葉だと知った時にはちょっとした驚きがあった。ソクラテスは「世の中の知恵者と呼ばれている人たちも私と同じで『よく知らない』。しかし彼らは自分を他の人より物知りだと思っている。しかし、私は自分が何も知らないという事実を知っている。このことだけは彼らより少しだけ知恵があるのでは…」と言っている。

僕は「新しい知識」やら「ノウハウ」に出会った時に、その存在に驚く。この驚きは自分の無知への気づきだと思っている。知れば知るほど、得れば得るほど、自分の無知に気がつく。世の中には知らないことがいっぱいあると思うのだ。ソクラテスは自分と他人を無知の知で比べたが、僕は違う。「知らなかった自分」と「知った自分」を比べる。そうすると、知った自分の方が知らなかった自分より無知なのに気づく。「四十八年生きてきたけど、こんなことも知らなかったのか。こんなことも知らない僕だから、世の中にはもっと知らないことがいっぱいあるに違いない」そう思うのだ。禅問答のようになったが、知れば知るほど知らないことが増える（気づく）ということだ。

「ヒューマン・エラーハザード」をベンチャービジネスでは「無知のハザード」と命名したい。

Coffee Break Vol.8

人に伝える技術

僕は、コミュニケーションというのは伝える側に一〇〇％責任があると思っています。相手に話が伝わらない時ってあるでしょ。これは伝えるのが下手なのか、聞き手の理解力がないのか、または両方ってこともあるでしょう。でも、もし自分が伝え手であるなら、伝達の責任は一〇〇％伝える側にあると思った方がいいと思います。こう考えた方が伝えるための工夫もするし、自分が成長できるからです。もし聞き手の責任にしたら、その時点でこちら側の進歩は止まってしまいます。コミュニケーションには一対一というのもありますが、一対多数もあります。数人を相手にしたプレゼン。十人ぐらいの会議。また四十〜五十人ぐらいの単位を相手に話す時。もっと多くて何百人が聴講する講演等々。いろんな一対多数という場面がありますが、相手の人数が多くなるほど伝達度合は弱くなっていきます。そこで「伝える技術」というのが必要になります。

僕なりに二つの技術があると思っています。まず一つ目は、「相手を聞く態勢にする」ということです。話を聞く態勢になってない聞き手には、いくら話しても伝わりません。相手が自分の話に興味を持って聞いているか、聞いていないか。もっと言えば、寝ているヤツがいたら起こさなあきません。「伝える側に一〇〇％責任がある」んですから、寝ているヤツが悪いんじゃなくて、寝かしている話し手に責任があるわけです。だから、声の大きさ、トーン、最初のツカミなど、工夫の方法はいくらでもあります。僕も寝ているヤツを起すのに、色んなことを試みました。大きな音を出すとか、聞き手に意見を求めたり、看板とか大きな模造紙とかのツールを使ったり…。本題に入る前に体操させたりしたこともあるんですが、体操が終わったら、「あ～あっ」って伸びして寝始めるんですから何のための体操なのか分からんってことになっていました。最後にたどり着いた方法は、やはり「笑い」でした。「笑いを取る」。センスが要求されると思いがちで難しそうですが、実は一番簡単なアテンションの取り方です。笑いを取れずに滑るなら思いっきり滑るもよし、寒いけどアテンションは取れます。

次に二つ目の技術は、「相手をしっかり見る」ということです。つまり、相手が見えてないといけません。「ちょっと待って下さい」と、こちらから話をさえぎるまで一方的に話を続けるといった、聞き手に無関心な人もいますが、これでは何も伝わりません。相手を見るとは、「寝とる」「聞いとる」「飽きとる」「ついてきていない」「分かっとる」「分かったふりしとる」「違うこと考えとる」等々、相手の姿勢やリアクションから相手の状況を判断して話を進めることです。前段でも言いましたが、人数が多くなると伝達の度合が弱くなりますから、あれもこれも伝えようと思わずに「今日はこれだけ持って帰ってもらおう」と項目を絞り込むことが大切です。場数を踏んで、経験を積んで、闇雲にではなく技術も磨いて、そこでやっと人に自分の考えやアイデアを伝えられるようになります。でも、技術の前にもっと必要なものがあります。それは、伝えたい！ 分かってほしい！ っていう強い意志です。これが伝える時のパワーになります。そういう思いがあるからこそ、伝達の技術が磨かれるのです。まずは、「伝えようとする強い意志」。そして、「絶対に伝えたい何か」もないといけません。

Coffee Break

リスクマトリックス

リスクマネジメントは、「想定できるリスクを洗い出す」ところから始める。次に洗い出したリスクを「発生の確率とダメージの大きさ」で構造化する。これがリスクマトリックスである（下図参照）

横軸に発生の確率、縦軸にダメージをとる。この縦横のグラフを十文字に切って四つのゾーンに分類する。発生の確率が高く、起きたときのダメージも大きいものを「レッドゾーン」。発生の確率は低いがダメージの大きいものを「イエローゾーン」。発生の確率は高いがダメージの小さいものを「グレーゾーン」。発生の確率が低くダメージも小さいものを「グリーンゾーン」とする。分類ができれば、それぞれについての対応策を考える。

まず、レッドゾーン。発生確率も高くダメージも大きいものだ。このリスクは起こることを前提にして考えなければならない。たとえば、今の中国。マーケットとしては魅力的だが、カントリーリスクは高い。市場経済も成熟していないので、何が起こるか分

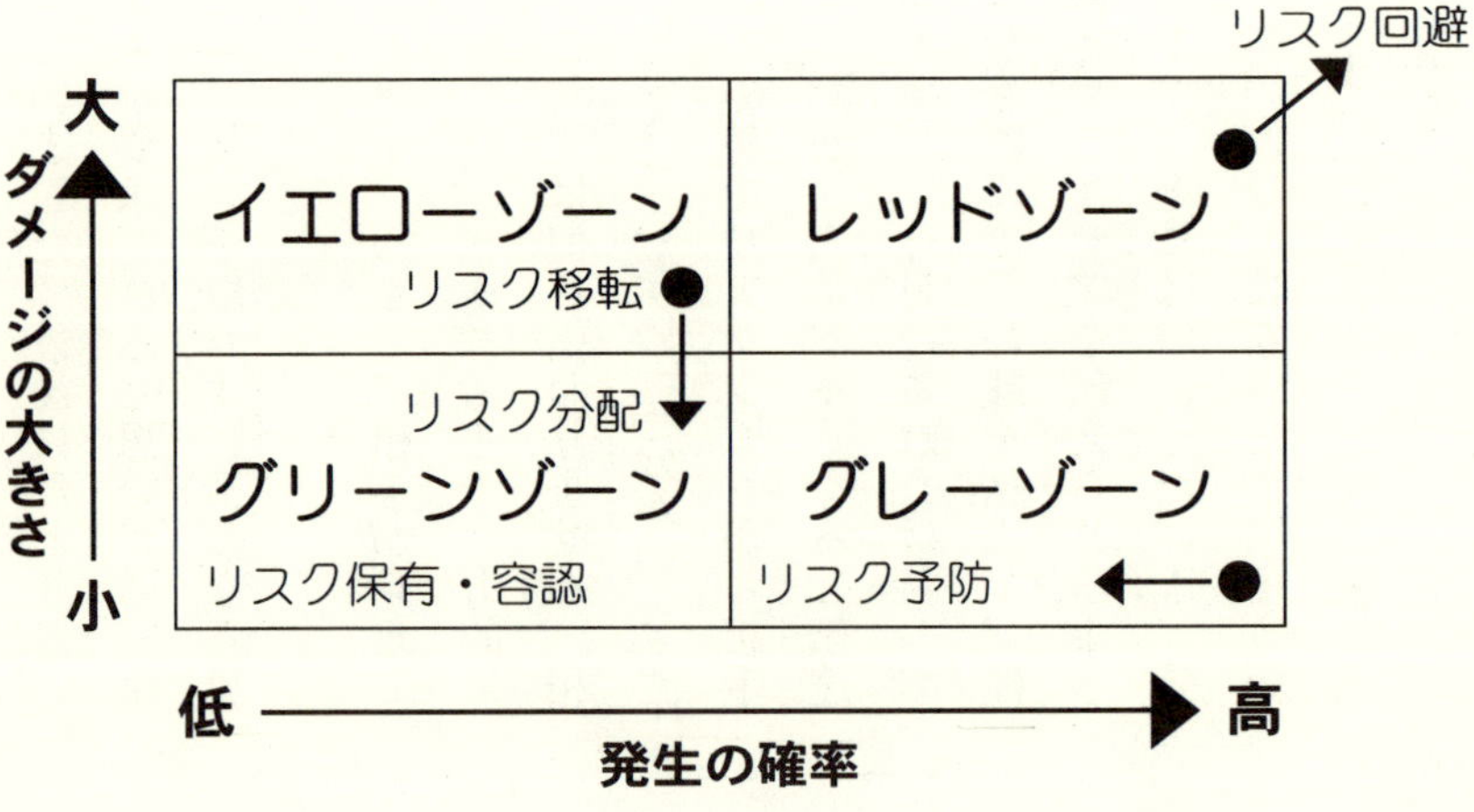

からない。つまり「手を出すな」という部分である。その対応策は「回避」である。しかし、ベンチャービジネスそのものがレッドゾーンなので、そこで採用されるべきビジネスプランは、一か八かの危険な計画というのは避けるべきあり、アントレプレナーはリスクを正しく認識し、石橋を叩いて渡るくらいの慎重さが要求される。

次に、イエローゾーン。めったに起こらないが、起こればダメージが大きいというリスクだ。「社長の死」「休業による資金ショート」「会社の焼失」などである。この部分の対応策は「リスクファイナンシング」。つまり「保険」である。

そう言えば、僕にもこんな経験がある。経営者の潜在的な不安って分かるだろうか。僕は自分で事業をしている時にいつも何となく不安を感じていた。ある日、車を運転していて、この不安の源泉は何かという疑問が湧いてきた。そして答えがハタとひらめいた。それは二つあった。「優秀なスタッフが辞めたらどうしよう」と、「自分が死んだらこの事業はどうなるか」の二つの不安だ。前者について、なぜ辞められたら困るのかと考えてみた。すると、同じような優秀な人間が、今の給料ではもう採用できないのではないかという不安だった。そこで、特定のスタッフの給料をグンと上げた。

次に、「僕が死んだら…」だ。つまり、イエローゾーンの課題だが、僕はこう考えた。僕が死んだらこの事業はどうなるんだろう。それは残った人達が考えるのかも知れないが、実際は自転車操業なので止まったらきっとつぶれてしまう。だけど、この事業が「おもしろい」「儲かる」と思ってくれる誰かに引き継いでもらいたいと考えた。そこで、「事業主保険」に入ることにした。

事故で死ねば三億円、病気で死ねば一億五千万円が入る。個人の借入れはすべて保険がセットになっているので僕が死ねば個人資産はそっくり残る。それに、これだけのお金が会社に入れば、借入れがなくなって、そこそこのお金が現金で残る。そこで、僕は遺言を書くのが趣味だから、その後の事業承継についてみんなで相談して決めてほしいと遺言を書き換えた。

グリーンゾーンはめったに起こらないし、起こってもさしたるダメージはないというゾーンだ。この対策は「許容と容認」である。つまり「ほおっておく」ということだ。

最後にグレーゾーン。発生の確率は高いが、ダメージはそうでもない。ここでの対策は「リスク予防」である。予防コストと発生した時のダメージのバランスが大事になる。たとえば、スーパーの万引き対策だ。万引きでの損失をゼロにするにはガードマンやビデオシステムの導入、或いはゲートチェックが必要になるが、そのコストが万引きの損失の額を超えてしまうというようなケースがある。ある程度の対策は必要だが、コスト面が引き合わないのであれば、許容範囲でできる対策を採るしかない。

以上が、リスクマネジメントのリスクの洗い出し、そしてその分析・評価のプロセスである。

リスクとの戦い

リスクマトリックスで、洗い出したリスクをどう処理するかが次の問題である。それは、ビジネスプランの中で対処する。

経営とはコントロールできないマーケットに対して自分達が持つ資源やスキルをうまく対応させて、経営をコントロールすることである。競合やマーケットの動向、ありとあらゆる社会現象や国の政策、事件、事故、戦争もそうだ。これらは僕達にどうすることもできない外部環境である。

ある小売店の店主が、雨の日はお客が少ないため、売上げがどんと落ちると嘆いていた。しかし、ある時閃いたそうだ。「テルテル坊主でも吊るそうかとも思ったんですが、いいことを思いつきましてね。雨の日に使ってもらう割引券でも作ろうかって。『レインデーサービスチケット』ですよ」

「隣に競合するお店が出店してきた」「品不足で仕入れ価格が上がった」「競争相手が価格をどんどん落としてきた」、こんなアンコントロールに対して僕達はそれぞれ「いくらの値段で売るか」「どんな組織を作るか」「どのマーケットを攻めるか」「誰を採用するか」などコントロールできる要素で対応する。それが経営だ。

このコントロールの話は、経営課題を内部に取り込めということを示している。

先程の小売店の話を例にすれば、「雨が降る」という売上げに対してのネガティブな外部環境を内部の課題に移行して対策を講じた。外部の課題と思っている間は、「どうしようもない。オレのせいじゃない」と嘆いているだけで何も行動に移そうとはしない。結果、何の解決策も見出すことはできない。

次に「何を課題にするか」、もしくは「何が課題か」これを決めるのも社長の仕事である。「雨が降っている日はお客様が少ない」。これがこの店にとって課題かどうかを考えねばならない。「雨の日はお客が少ないのは当たり前。それでいい。暇なら店内の掃除の日にしよう」、これも対応である。

ベンチャービジネスではこれらの経営課題が一度にアントレプレナーのところに押し寄せてくることがある。特にスタートアップの時期は課題に対応する人材がいないので、すべてアントレプレナーが対応しなければならない。十五年かけて一人前の会社にするのなら、課題の方も列を作って一つずつ来てくれるだろうが、それを三年でやろうというのだから、当然課題の方も団体でやって来る。

その一つ一つに対してアントレプレナーは自分で考え、以下の三つの意思決定をしなければならない。

まず、「これは解決しなければならない課題なのか」

次に「そうだとしたら、どんな方法があるのか」。

そして、「その方法を選択するにはどんな環境なり資源が必要か」。

この三つを即座に意思決定しなければならない。

スタッフ「社長、A社が倒産しました」

社　長「うちは手形があるのか」

スタッフ「いいえ、ありません。売掛金が○○円だけです」

社　長「そうか、分かった。様子を見よう」↑（課題にしない）

§

スタッフ「B社でクレームです。先方の製造部長がどなってます」

社　長「○△君を現場に走らせろ。僕は部長に電話入れるから」↑（対応を考えて）

スタッフ「○△さんは今、C社の社長と打ち合わせに行っています」

社　長「いいから、すぐに呼び戻せ」↑（必要な環境を作る）

これが意思決定のプロセスだ。

ここで事例を一つ。僕が社内ベンチャーで悪戦苦闘している頃の話だ。本社では「業務改善プロジェクト」が始まった。グループ企業も対象のこのプロジェクトは、僕達のところまで来た。改善は「現状分析」から始まる。この時の手法は六分単位で自分の仕事をアクション毎に記述し、月単位でどのような業務にどれだけの時間を使っているかを分析するものだった。年に一回の業務はその時間を十二で割って月単位にする。毎日の仕事は実働日数の二十二日を掛け、それも月単位にする。アクション毎とは「ファイルに保管する」とか「報告書を書く」とか「移動する」とかの行動単位のことだ。

その時、僕は組織のトップだった。スタッフは三十人ぐらい。その下にパートさんが何十人か、その程度の組織だった。僕のアクションは「会議に出る」「報告を受ける」「指示を出す」「決裁する」この四つが中心だった。

この業務改善は僕の組織ではエネルギーを使っただけで何の効果も生まなかったが、一つだけ、びっくりすることが分かった。僕は一時間に三つ、一日二十四個、月に五百三十個、年に六千三百個の意思決定をしていたということだ。

これだけの意思決定をしていたら間違いが起こって当然だった。その大きさは別として、きっと四割しかヒットしてなかったようにも思う。これでもプロ野球なら首位打者だ。だがこの意思決定のすべてがリスクを孕んでいる。野球では三振しても、それ以上のダメージはないが、ベンチャービジネスで失敗したら、そのツケを払わされる。三振してベンチに帰ったら、毎回、腹筋百回みたいなお仕置きがあると思ってもらうと分かりやすいだろう。

意思決定＝リスクと戦うアントレプレナーはどんな準備をすれば、打率が上がるのだろうか。それがビジネスプラン（事業計画書）である。このビジネスプランには事業のビジョン、理念、方針が明記されている。今後の環境変化に対する予測、自分達の事業ドメイン、具体的なサービスの内容、マーケティング計画、資金計画、そして、将来の課題に対するアクションプラン等々、近未来の目標が設定されているはずだ。

計画通りに行かないからこそ、計画が必要なのだ。当初の目標からどれぐらいずれているのかをまず認識し、それに対応する。そのためには「どんな方法でどこを目指していたのか」を確認できることが必要であり、そうした道しるべとなるのがビジネスプランである。計画通りいかない計画を最終の到達地点へと導くために自分達の行動を修正するためのツールと考えてほしい。

どのような商売でもうまくいくか、いかないかは走り出さないと分からない。

突然、目の前に現れる経営課題もあるが、予測可能なものもある。これは経営のセオリーだ。これらの課題についてはプランに組み込めるはずだ。すべてを予測することはできないが、「突然」を減らしておけば、意思決定の打率は上がる。

アントレプレナーにとってリスクと戦う武器は、「ビジネスプラン」である。

第4章

失敗経験の活用術

失敗を棚卸しする

失敗と成功の本質は表裏一体

失敗と言っても小さな失敗から大きな失敗まで色々だ。しかし失敗の本質には、あまり違いはない。たとえば、車庫出しの時に左のフェンダーを擦るという小さな事故も、高速道路での接触事故が人の命も奪うのも同じ不注意が原因である。それなら、人身事故から学ぶよりフェンダーの擦りキズから学んだ方がいいに決まっている。僕達は小さな失敗からも学ぶことができるが、これがなかなか難しい。実際にはフェンダーを擦って「チェッ」と思う人は多いだろうが、その時に、安全運転に気をつけようなどと思える人は少ない。何故かと言うと、第3章の《受身の練習》で触れたが、そこには「痛み」がないからだ。

このフェンダーを擦ったという小さな失敗の本質は何だろうかと考えた時、現象としては不注意からの失敗だが、この不注意はどこから来たかが問題になる。「集中力に欠けるからだ」とか「お前は小さい時からおっちょこちょいだから」とかいった性格の話ではない。僕は、「日常生活の驕り」から来ていると思う。「二十年運転している」とか「このガレージからは毎日車を出している」とか、そんな驕りが不注意を生んでいるのではないだろうか。

リスクマネジメントの節で、ハザード（間接的要因）が絡み合ってペリル（直接原因）を発生させるという話をしたが、「驕り」とはハザードの一つである。このハザードが小さな失敗を生み、そしてそこに問題点を見出すことができなければ大きな失敗につながる。この小さな失敗で学習できないのが僕達だが、失敗経験のある人は失敗の感性が敏感になる。だから、失敗経験の少ない人に比べてこの小さな失敗で「気づく」人が多いのだ。これが失敗の学習効果である。

この失敗の学習効果をもう少し説明すると、小さな失敗とか心配事とかネガティブな情報から最悪を想像できる力だ。「失敗の想像力」と言えば分かってもらえるだろうか。

僕もそうだったが、この失敗の想像力は失敗の経験から養われる。『徒然草』に『高名の木登り』という段がある。木登り名人が弟子に木の枝を切らせていた時、高い枝に登っていて危険に見える時には何も言わず、弟子が木から降りる時、軒の高さぐらいになった時にはじめて「危ないから気をつけて降りろ」と言葉をかけたというあの話だ。たとえば、経験の浅い営業マンは相手との交渉が上手くいき、後は契約書を交わすだけになっているところで、この商談は成立したと安心してしまう。しかし、ベテラン営業マンは契約書を交わすまでは安心しないものだ。

「納期も価格も付帯条件も品質基準も決済条件も全て合意ができた。後は契約書を交わすだけ」、この時点でもベテラン営業マンは、交渉が決裂する要素がないのか、あるとすればどんな断り文句があるのか、そのリスクをこの時点でヘッジしておくことはできないのか、先方から捺印された契約書が返ってくるのをただ待っているだけでいいのか、といったことに対して答えを用意している。そして、ちょっとひっかかっていることがあると、この「ひっかかり」が取り越し苦労で終わらないことをよく知っている。

契約書が返ってきても、今度はこちらがお客様を満足させるだけの商品なりサービスを約束通り納品できるか。そして納期通りに納品が完了し、先方が満足してくれていても、ベテラン営業マンの心配はまだ終わらない。次は入金だ。入金があったとしてもそれが手形なら、その期日が来てきちんと決済されるまでは安心しないものだ。

ベテラン営業マンにとって、商談から契約、納品、回収に至る経緯でどのようなことが起こってもそれは「予測の範囲」である。だから、最悪が起こっても慌てないで、冷静に一番正しいソリューションを選択することができる。従って、対応策の用意も怠らない。

失敗経験のあるアントレプレナーは、銀行の支店長が融資する旨の意思表示をしたとしても、入金が確認できるまで代替案を考えている。ドタキャンの可能性が、ゼロではないからだ。支店長は本店の融資担当のせいにしたり、ドタキャンの言いわけがいくらでもできる。でも、その場になって「約束が違う」とゴネても決定事項だからと言われてしまえば、為す術はない。反対に銀行側のドタキャンで当てにしていた資金が入らずに不渡りが出たとしても、アントレプレナーは先方に「銀行が…」とは言い訳できない。その言い訳できない最悪を常に想像する力を失敗経験は与えてくれるのだ。

失敗の本質にはどんなものがあるのだろうか。

ここでは僕の経験から五つに絞り込んだ。「驕り」「一人よがり」「がんばりすぎ」「人やモノを大切にしない」「プライドや見栄」の五つである。色々な失敗があるが、本質の種類はそんなに多くはない。しかし、これらの本質も見方を変えれば、以下のように弱みではなくなる。

「驕り」はいけないが、自信がないように見えるヤツとか謙虚過ぎるヤツも成功しそうではない。

「一人よがり」も見方を変えれば、人の意見に左右されない信念の持ち主だとも言える。

「がんばりすぎ」も過ぎるのはいけないが、がんばらないヤツには成功はない。

「人やモノを大切にしない」というのも、限度の問題で大切にし過ぎは固執しているわけだからこれもいただけない。

「プライドや見栄」も同様だ。叩いたらガラガラ壊れるようなプライドなら捨てた方がいいが、プライドとはアイデンティティだからないのは困る。

といった具合だ。

失敗（弱み）の本質とは、成功（強み）の本質と表裏一体だ。だから僕達は強みであるはずの要素が弱みになっていないか、と常に自分を自分でチェックしておく必要がある。ただ、自分の意思決定が正しかったかどうかは、その意思決定が過去にならないと分からない。つまり、想定した未来が来てからでないと分からないのだ。たとえば、出張に行くのに、飛行機で行くか新幹線で行くか。アライアンス先はA社かB社か。○△君を採用するか不採用にするか。そういった時々の意思決定が、新幹線の方が早く着いたり、A社が儲けさせてくれたり、○△君が予想外の営業成績を収めてくれたりといったように、期待する未来の利益を自分や会社にもたらせば成功、そうでなければ失敗ということになる。

この意思決定の時に、その意思決定のプロセスや意思決定そのものが弱みになっていないか確認してほしい。その意思決定に「驕り」はないか、「一人よがり」はないか、「がんばりすぎ」てないか、意思決定が失敗の本質に影響されて澱んでないかをいつもチェックすることが大切だ。

Coffee Break Vol. 9

T型フォードとインターネット

一九〇〇年初頭にT型フォードが発売されて以来、モータリゼーションの波が二十世紀を飲み込みました。最初、車は「ただの移動の道具」でした。この道具は馬車より早く、汽車よりも自由度があって、当然、走るより、楽チンです。つまり、大衆の移動の自由を広げたわけです。ところが事故が起きたり、大気を汚染したりとマイナスの副作用が出てきました。そこで、ハイウェイが整備されたり、信号ができたり、排ガス規制の法律ができたりと新しい社会システムが、後追いですができ上がってきました。

モータリゼーションは、僕達が郊外に家を持てるようにしてくれました。買い物の仕方も変わりました。最近では、RV車がアウトドアという新しい遊びを我々に提供してくれました。

このヘンリー・フォードが作った「ただの移動の道具」は、僕達に新しい環境を与えてくれたわけです。そして、その環境は今では「暮らし方そのもの」、つまり文化になっています。

情報革命ではT型フォードがパソコン、ハイウェイがインターネットになるでしょうか。モータリゼーションが移動の自由とスピードを与えてくれたとしたら、情報革命はコミュニケーションの自由とスピードを僕達に与えてくれたことになります。スピードが上がったので、いろんな「情報事故」が起こるようになり、後追いで社会システムが整備されていますが、あまりにもスピードが速いので追いつけていない状況です。この辺もモータリゼーションと同じですよね。

僕のパソコンがインターネットにつながったのは一九九六年の夏でした。当時、友達に「インターネットにつながってないパソコンなんて、ただの箱や」って言われました。そのただの箱がインターネットにつながって、メディアになりました。

インターネットは、まず仕事の場面でコミュニケーションツールとして威力を発揮します。今では、インターネットという環境がないと仕事ができなくなりました。ここでただの箱（道具）が環境に進化したんですね。今では仕事だけでなく、日常生活にもインターネットが浸透してきました。僕達の行動を変え始めたわけです。

以前は、電話番号を調べる時は電話帳を見るか、１０４に電話して聞くかでしたが、これがインターネットを見るに変わりました。行き先を確認する時は、相手に聞くかファクシミリで地図を送ってもらうかでしたが、これもインターネットを見るになりました。ホテルや飛行機を予約する。買い物をする。天気予報を見る。辞書を引く。新聞を読む。時刻表を確認する。みんなインターネットを見るに変わっています。僕達の行動が変わってきているのです。情報家電とか言われていますが、そうした位置づけが定着していけば、もっと、我々の日常生活も変化するはずです。

T型フォードは二十世紀をかけて車を文化にしましたが、インターネットはここ数年で僕達の文化になりつつあります。インターネットは道具から環境へ、そして文化へと進化しているのです。

Coffee Break

自分の弱みと対峙する

自分が何故、失敗したか、その本質を知ることは実は自分自身を知ることになる。

ここが分かれば同じ失敗はしないし、他の失敗についても感性が磨かれて次の成功確率を上げることができる。それには自分の失敗を冷静に棚卸ししてその本質を見極める必要があるが、この失敗を見極める作業は自分の弱みと対峙することであり、実は非常にエネルギーが要求されることである。そして、その弱みを認めて、その弱みを小さくしたり、他の強みでカバーする力をつけなければ単に自分の弱みを知っただけで終わってしまう。

世の中には失敗から立ち上がり、その失敗をカバーしてあまりある成功を手にした人達が大勢いるが、反対に同じ失敗を繰り返す人がいる。その違いは何なのだろうか。

失敗は色々な形をしているが、本質は限られているように思う。そして、失敗を繰り返す人は自分の中にあるその限られた要素に気がつかなくて、もしくは気がついていても、同じことをしてしまうのだろう。

以前、僕のところに相談に来たD氏もそういう人だった。再起を賭けてもう一度事業を起こそうとのことであったが、僕は失敗要因について自分の中でもっと分析すべきだとアドバイスさせてもらった。

彼はアイデアマンでいくつか特許を持っていて、その一つを事業化し五年前に大失敗したという。資産家の家系に生まれた彼は、三十歳で資産と事業を親から引き継いだが、四十歳の時に失敗する。本人はもちろん保証人だったご両親も自己破産して、本業も個人資産もすべてを失った。

その彼のリターンマッチ。彼が書いてきたビジネスプランでは新事業の立ち上げには四億円の資金が必要で、その四億円を投資してくれる投資家を探しているとのことだった。

僕は新事業より、失敗した事業とその経緯を聞きたくていろいろと質問をした。その話にはいくつか納得できない部分もあったが、最後に「前の事業に失敗した一番大きな原因、要素、或いは理由は何だと思われますか」と質問してみた。彼はしばし考え込んで「当時は資産があったので、どんどん、その事業にお金をつぎ込んでしまいました。そこで、慎重さに欠けたのが原因ではないでしょうか」との返答だった。僕は「それなら、ここに投資家が現れてあなたに四億円の資金を融通したら、また、お金持ちになって慎重さに欠けませんか。もし、資金があることがあなたから慎重さを奪い、安易な経営を促してしまうと言うなら、あなたは事業家には向いていません。失敗の本質は他にあるのではないでしょうか」と尋ねてみた。

僕が彼に伝えたのは「慎重さをなくす人は、事業家にはなれない」ということではなく、「自分の失敗の原因をしっかり考えてみたのか、何故自分が失敗したのかを深く考えてみたのか」ということだった。「失敗して一番身近で大切な人に迷惑をかけて、悲しませた。その原因、自分の中にある原因について胸が痛くなるほど考えてみたのか」ということを伝えたかったのだ。失敗した人にとって、信頼を取り戻す方法は寡黙に努力して次の成功を周囲の人達のものにするしかない。そのためにも自分の失敗を棚卸しして、同じ失敗を繰り返さないことをまず自分に誓うことだ。

彼の場合は豊富な資金が慎重さを失わせたというよりも、資金がすべてを解決すると思っていることに問題があると思う。彼は何か経営に問題が起こると資金でそれを解決しようとするタイプだと思う。しかし、経営課題の多くは資金では解決できない。資金は応急処置はしてくれるが、資金でキズは治らない。それに彼が気づいていなければ、やはり資金があれば同じ失敗をする。

次に、失敗の本質が自分以外にあると思っている人があまりにも多いと実感する。「銀行につぶされた」「取引先に騙された」「仲間に裏切られた」。でも、僕は失敗の本質とは自分の中にあると思っている。決して外にはない。銀行から「これ以上は融資できません」と言われて、会社がつぶれることはある。それが寝耳に水であったのも事実だろう。現象としては銀行が融資を切ったからつぶれたわけだが、それが銀行につぶされたことにはならない。結局、その銀行を選んだのも、その銀行から借入れをしたのもあなたの判断であり、得意先も、仲間も選んだのはすべてあなただ。

僕は自分の失敗には言い訳がないと思っているので、何故失敗したかを考え続けた。自分が上手くいかない原因を自分以外に求めても、そこには答えはない。僕は事業に失敗したが、誰にも騙されてないし、誰にもつぶされていないし、誰にも裏切られてはいない。変な言い方になるが、しっかりと自分の力で失敗したと自覚している。

立ち止まらなければ何かが見つかる

僕の経験則だが、失敗から立ち上がった人はみんな立ち止まってはいない。何をするかは別として、すぐに次の行動を開始している。ひょっとすると、そこに再生の秘密があるのかも知れないと僕は思っている。

第1章の《環境風土が起業を妨げる》の節でも触れたが、二〇〇二年版の中小企業白書の中に『失敗から生かされる教訓』という節があり、再生についての調査結果が報告されている。東京商工リサーチの『倒産経験者実態調査』と米国の『破産の機能調査』の比較だ。その調査によると、破産後も何らかの形で就業している人も反対に就業していない人も同率の五〇％となっている。つまり、失敗の後、何にも仕事をしていない人が半分もいることになる。働いていると答えた人を一〇〇として、その中で再び経営者になった人は二十六％。破産した経営者全体から見れば、もう一度事業を起こした人は十三％しかいない。米国での同じ調査では再び経営者に返り咲いた人は四十七％となっている。

日本では失敗した社長の半数の人が働いていないが、米国では失敗した経営者の半数がもう一度経営者として再生している。この違いは、日本の場合、事業に失敗するともれなく個人も破産することに起因していると先の章で述べた。破産が個人に与える経済的、精神的ダメージが、米国と比べて比較にならないぐらい大きいため、破産してしまうと否が応でも立ち止まらざるを得ないというのが、日本における現状である。では立ち止まることは、果たして正解なのだろうか。

何度も念を押すようだが、失敗経験は失敗した人だけの宝物である。その失敗経験は、フレッシュな方が活用濃度が高くなる。何故か。それは人間とは忘れる生き物だからである。当然、貴重な「痛み」も、「経営ノウハウ」も、せっかく大切に守ってきた「人脈」も薄れてしまう。つまり、早く失敗することができたなら、その失敗経験を活かし、残った体力で極力早く立ち上がることをお勧めしたい。

●犬も歩けば棒にあたる――資格取得●

僕の場合も失敗の後、すぐに行動した。様々なことが片付いて、今までのことがウソのように暇になったからというのが本音だが、『犬も歩けば棒にあたる』とはよく言ったもので、じっとしていないで何か行動を起こせば、思いも寄らない幸運にぶつかることがある。

それまでは事業の縮小に胃が痛くなる毎日だったため、次のことを考える暇がなかった。でも、時間ができると今までの出来事を振り返りながら考えて、どこでどのようにして間違えたのかを毎日、うじうじ後悔するようになった。失敗を棚卸しするのは大切なことだが、反省して悩んで、とことん落ち込んだら、さっさと次の新しいことを考えるようでなければ…。僕の場合も、うじうじ考えるだけ考えたら、このままではアカンと思いついた。暇にしていれば、堂々めぐりのどん底から這い上がれないと思った。そこで、何でもいいから忙しくなろうと思い、たどり着いたのが中小企業診断士への挑戦だった。

自分の経営者としてのスキルをチェックしようと思ったのがきっかけで、一九九四年の十月から通信教育で勉強を始めた。お陰様で翌年に一次、二次ともに合格し、翌年には晴れて診断士になることができた。実は、この時点では自分が経営コンサルタントになるなどとは思ってもいなかった。でも、この資格がその後の僕の方向性を決めることになる。試験に受かったことで自信を取り戻すことができた。中小企業診断士の資格が、僕にとって「犬も歩けば棒にあたる」の「棒」になった。

●犬も歩けば棒にあたる——インターネット●

次の「棒」はインターネットである。僕のパソコンは一九九六年の夏にインターネットにつながった。ある日、インターネットの中を歩いていたら、「SOHO」という棒にあたった。そんなSOHOの支援サイトの一つ、SOHOWESTに会員登録したのである。当時、この会を主宰していたのが後の関西ソーホー・デジタルコンテンツ事業協同組合の初代理事長、塩見氏だった。会員の自己紹介ページがあり、そこでいろんな人と知り合いになったが、インターネットの中で友達ができるということ自体が僕にとっては初体験だった。そんなある日、SOHOWESTの「オフ会」に参加する。

誰も知らないネットワークに自分一人で入っていくなんて、これも就職以来だった。大阪はミナミの居酒屋に二十人ぐらいが集まった。インターネットの中でのメーリングリストや掲示板でのやり取りをオンライン・コミュニティと言い、そのオンラインの反語がオフラインであり、日頃オンラインでコミュニケーションしている人達が「一度会いましょう」とリアルな交流会を開くことを、オフラインから取ってオフ会と言う。

自己紹介なんて何年ぶりか忘れるぐらいだった。如何に今まで自分が自分の殻の中にいたのか、この時に考えさせらせたのを覚えている。知り合いが一人もいない空間というのも、それはそれで刺激的だった。この時初めて自分が「馬の骨」だ」と自覚した。どこの馬の骨か分からないから、「どこどこの馬の骨です」と自己紹介するわけで、自分のパワーが試される時だった。

この時に考えた自己紹介は「よしだまさきと申します。まさきとは…雅子様の『雅』に紀子様の『紀』です。高貴なお方とご記憶下さい」だった。そして、「仕事は経営コンサルタントです」と名乗ったのもこのオフ会が初めてだった。この自己紹介はその後、僕のキャッチフレーズになる。その居酒屋で友達になった人達とは今でも親しくお付き合いしてもらっているが、中でも塩見氏との出会いによって関西ソーホー組合の発起人となり、この組合での初仕事が大阪市のインキュベーション『イメディィオ』のセミナーで、これがご縁になって大阪市創業支援センター『あきない・えーど』へと僕の事業は発展していく。

この経験があるから、僕は立ち止まったらアカンし、犬も歩くべきだと思っている。

今、僕の『犬も歩けば…』の「棒」は、「上海」だ。一九九六年に初めて行ってから、僕には何かチャンスがある町だと思えて仕方がない。その上海を昨年は四回歩いた。その都度、目的は違うのだが、僕にとってはただ歩くだけでも刺激がある。今年に入ってからもすでに三回行っているが、毎回新しい発見があって、新しい出会いがあって、そろそろ、おもしろい「棒」にあたりそうである。

創業はロマンとリアルの綱引きだ

サラリーマンに戻れる人は戻ればいいと思う。でも、僕には、事業に失敗した時の次の選択肢に「サラリーマン」はなかった。それは、サラリーマンの給料では借金の返済ができないと決めつけていたからだ。でも、よく考えてみると中堅企業の部長職ぐらいの給料があれば充分だったわけで、サラリーマンの道を考えなかった理由は他にもあったようだ。

よくよく考えると、僕にとって「サラリーマンに戻る」＝「人生の敗北」みたいなイメージがあったのも否めない。最初は社内ベンチャーで始めた事業も、三十歳からは独立して経営していたため、どのようにすればサラリーマンになれるのか分からなくなっていたというのも事実である。

失敗した時に、事業とはロマンとリアルの綱引きだと思った。このバランスが難しい。綱引きなのだから、バランスが取れなくて当然なのだが……。

つまりこういうことだ。人はロマン（夢）を求めて創業する。飯を食うため（リアル）には創業しない。飯を食うためならサラリーマンの方がずっと気楽で安全だ。人それぞれロマンの中身は違うが、みんな、ロマンを求めて創業する。ところが、創業した瞬間から飯が食えなくなることがある。そうなれば飯を食うために創業したわけではないのに、飯を食うために仕事をしなければならないはめになる。夢を持って創業しても、そこには現実が待っている。

「やりたいことをやりたい」「自分の信じる道を進みたい」そう決意して独立したのに、そこにはやりたくないことをやってでも飯を食わなアカン自分がいる。ロマンを棚上げして、どんどんリアルに負けていく。創業におけるロマンとリアルの綱引きは、大概がリアルの勝ちだ。でも、僕達は生きるために飯を食ってるわけで、飯を食うために生きているのではない。その生きることそのものがロマンなのだ。ロマンが負けてばかりの創業物語だが、ここでサラリーマンに戻ったら、僕は飯を食うために生きることになってしまう。

世の中の役に立つとか、求められる事業でありたいとかそんな次元の高い話ではない。僕の場合は、「自分らしくありたい」、そんな思いでもう一度やり直そうと決意した。

それと、もう一つサラリーマンにはなれない理由があった。それは、事業経営を通して「WANT」から考えるクセがついていたからである。就職コンサルタントの本田勝裕氏からこの話を初めて聞いた時、自分の思考回路を整理することができたので、ここで皆さんにも紹介しておこうと思う。

人は通常、何か行動を起こす時に、「MUST」→「CAN」→「WANT」の順番で考える。ところが起業をしようとすれば、逆の「WANT」から考えなければならない。

大学を卒業したら就職しなアカン、これはMUST。MUSTとは、何々しなければならないという常識と言われるものであったり、固定観念のようなものを言う。そして、人は次にCANを考える。自分には何ができるかということである。「どこの学校に入れるか」「どの企業に入れるか」といったような、できること、可能枠を考える。そして最後に「何々がしたい」「これがほしい」といったWANTに到達する。

先日もある企業研修で「何故、あなた方はこの企業に入ったのですか」と質問をした。

「企業理念に共感したとか、ここで自分を試してみたかったとか、そんな就職面談の模範解答はいりません。本音で答えて下さい」と言って、数人にその動機を聞いてみた。すると、ほとんどの人がまずは就職しなければならないと思っていて、自分が入れる企業の中から自分に合う所を選んだという答えだった。

まさしく、MUSTからCAN、そして最後にWANTが来ている。自分が何をやりたいかは一番最後に考えるクセがついているようだ。

でも、このサイクルでは創業はできない。起業家はWANTから考える。「何がやりたいか」がスタートだ。そして、やりたいことをするには「できる力」が必要だ。やりたいから、そのチカラを自分に付ける。やりたいから、必要なリソースを手に入れる方法を考えるのである。

第6章に登場頂く（株）タカギの高城社長がそうだった。社長は「事業を大きくしようとすれば金がいる。金は銀行から借りればいいが、それには担保がいる。自分には担保がないから、担保を提供してもらえる人がいると考えた」という。そして、まず必要な担保を手に入れるための行動に出た。

大学でベンチャービジネス概論というアントレプレナー教育の実験を学生達としている。この授業のアウトプットはチームのビジネスプランだが、その過程でみんなのアイデアが二転三転する。試行錯誤の繰り返しはいいのだが、僕が「おもしろい」と思っていたアイデアが、学生の意見でボツになったりしている。そのチームにボツになった理由を聞くと、僕達にはできそうにないとか、僕達の力では無理だとか、お金がかかり過ぎてダメとか、みんなCANのところで諦めていた。

自由な発想でプランを出し合ってもらっているので、この授業にはMUSTはない。従って、みんなWANTから考えられるのだが、CANでつまずいてしまう。僕は「お金がいるなら、調達の方法を考えようよ。僕らにできないことはない。僕にはいくら考えてもできない理由が思いつかないけどなぁ」と言った。

WANTからCANを考える。これがビジネスプランである。

プランができ上がり、事業がスタートし、売上が増え始め、事業に対する期待が高まる。すると、スタッフが「社長、がんばりましょう!」と言い、得意先や仕入先が「社長、がんばって下さい」と応援してくれるようになる。そして協力業者や株主は「社長、期待しています」と支援を表明してくれるはず。そこで、WANTからスタートした事業の最後に、「みんなの期待に応えなければならない」というMUSTが来るのである。この最後に来た「しなければならない」MUSTが、ますます起業家を強いものにする。今までのWANTとCANの時だけとは違い、このMUSTは今までにないパワーを生み出す。

僕は、WANTから考えるクセがついている。WANTから考えることの素晴らしさを知ってしまったため、MUSTとかCANからは考えられない。

再起を賭けた事業ならば、なおさら強力なWANTがいる。譲れない分、少しはわがままになるかも知れない。でも、少しくらいわがままな方がいいのではないだろうか。

人生でロマンとリアルの綱引きはいつもリアルが勝つものだが、百戦して九十九敗したとしても、最後に残ったロマンは、何があってもリアルには引き渡さないでほしい。

『整理』『整頓』『清掃』

「整理」「整頓」「清掃」、これが苦手っていう人が案外多いですね。

この三つに躾と清潔を合わせると、『5S』と言い、モノ作りの会社の基本やと聞いています。今日は『3S』、つまり「整理」「整頓」「清掃」についてのお話です。当たり前の話ですが、この三つはそれぞれ違った意味を持っています。でも、この三つを混同している人が案外多いのです。それでは僕が、「整理」「整頓」「清掃」についてご教授いたしましょう。

まず、「整理」とは、「いる」ものと「いらない」ものを区別して「いらない」ものを捨てることを言います。ほら、よく言うでしょ。「結婚前に女性関係を整理する」とかって…。えっ、違うって？　最近整理するのは女性の男性関係ですって？　ハイ、認識不足でした。話が横道に逸れてしまいましたが、「整理」のポイントは「捨てる」って行為です。まず、この捨てるのが難しい。うちの母親は大正九年生まれで戦後を生きていますから、物は絶対に捨てません。何でもかんでも「もったいない」です。母親が亡くなって納戸や納屋や箪笥部屋を整理しましたが、ほとんどいらないものばかりでした。「整理とはまず捨てることと心得たり」、これがスタートです。次に「整頓」ですが、整理した後なので目の前には必要なものだけが残っているはずです。コレをあるべきところに収納したり、配置したりするのが、整頓です。よく使うものは身近に置いたり、使いやすいように同じ種類のものを集めたりします。お薬はお薬箱に、フォークやスプーン、お箸は同じキッチンの引出しに。これが「整頓」です。そうそう、「使ったものはあった場所に戻す」。あなたがお母さんから「あんたらが散らかすから、ほんま、うちの家は片付かんわ」って未だに叱られていることです。最後の「清掃」ですが、コレは「埃を取ってきれいにする」ってことですよね。そんなに難しい意味ではないです。

この「整理」「整頓」「清掃」って言葉は片付けの順番も表しています。うちの母親ではないですが、整理の前に整頓すると、いらないものまで大事に収納してしまったり、整頓の前に清掃をすると、整頓するのにものを動かしたらまた埃が出ます。「整理」「整頓」「清掃」ができたオフィスでは見逃しや見落とし、取り違えなどのミスが少なくなります。また、探し物が少なくなって仕事のスピードがアップします。煩雑なオフィスの代表は役所です。市役所とか府庁とか、町役場もそうです。霞ヶ関の本省も、役所と言われるところはどこも同じ。やっぱり、同じ血が流れているんでしょうか？　何故、デスクの上に書類が山積みされるんでしょうか？　ずいぶん昔になりますが、仕事であるお役所にお邪魔した時、壮絶な人がいました。デスクの上は書類が堆く積まれています。それでは場所が足りないらしく、左右の一番上の引出しを引き出してそこにも書類が積まれています。コの字型の書類の中で、モノを書いたり、広げたりするスペースがないので、センター引出しを引き出して、その上で執務してはりました。足元を見ると、そこにも紙袋に入った書類が…。あれでミスが起こらないのが不思議なくらい。それと、あの書類の山から必要なものを見つける記憶力には感服します。だから、お役所の人はみんな高学歴で頭のいい人が揃っているんやと妙に納得してしまいました。

Coffee Break

失敗の棚卸し

実は、失敗を棚卸しても立ち上がることにはならない。

それは自分を知ることであって、再起することとは違う。誰でも自分の強みを持っている。この強みを、僕は自分の身に付いてる「持ち物」だと言っている。技術や資格、有形無形の資産もあるだろう。みんないい持ち物を持っているのだけれど、自分では気づかなかったりする。そこで、その持ち物を再確認し、再起に活かすことを提案したい。結論から言うと、僕たちは自分が好きなことが強みである。また、「若さ」などのように、自分にとって当たり前だったりすることが周囲からすれば強みだったりする。それらをテコにすれば立ち上がることができるのだ。

この自分の「身に付いた持ち物」を知るには、自分史を遡ってみるとよく分かる。

●自分史を使って失敗の棚卸し●

たとえば、僕の場合……。

大学四年になっても何にも考えてなくて、オヤジのコネで就職するんだと思っていたら、そのコネで受験した会社に落ちて、就職は自分で探すことに。

でも、どんな会社を選んでいいか分からず、自分の好きなことは何かと考えた。出た答えは「インテリア」。インテリア関係の会社を調べたらK社があって、問い合わせたらすぐに試験と面接を受けることになり、数日後、内定を受け就職。家具事業部に配属されて学習机の担当に。営業から商品開発を経て、プロダクトマネージャーになり、ここでマネジメントとマーケティングの組み立てを学ぶ。コツコツ出世するのは性に合わないから一発勝負で社内ベンチャーへトライ。プランは学習机の延長線上で子ども用品。ビジネスのスタイルはFC、企画は見事に通過し、この事業を十年する。その間、パソコンが得意だったのを活かし、独自開発のPOSレジを開発。社内ベンチャーを通じて、経営の何たるかを知るが、この事業は大失敗する。

本社は事業から撤退し、会社を退社。ところが、事業を継承して自ら経営し始める。事業と言ってもこの時点で生業になり、僕はアントレプレナーから中小企業のオヤジになった。失敗の中から何とかしなければと一念発起、中小企業診断士の資格を取る。次に何がしたいのか、何に向いているかを考えたら、経営コンサルタントに行き着いた。

そして、事業内容を思い切って自分の得意分野の新規事業、ベンチャー支援に絞り込む。同じ頃、僕のPCはインターネットに繋がり、そこでSOHOという言葉に出会い、SOHOの仲間と組合を設立して、理事になる。ベンチャーがテーマの講演依頼が来るようになり、少しずつ仕事が増えていく。顧問先も増えて、食えるようになる。中小企業診断士の受験勉強に消化不良を感じていたことから社会人として大学院に。修士論文は「ベンチャービジネスとオープンネットワーク」。マスターの二年の時に大阪市から創業支援センターのお話を戴いて今に至る。

この千文字程度が僕の二十六年だ。そして未来は当然未知なる世界、どういう人生になるかは分からない。こうして書き出してみると自分のマイナス部分、プラス部分が見えてくる。

僕の場合、人一倍伝えたいことがいっぱいあって「しゃべり」だった。サラリーマン時代はトップセールスを突き進んでいた。その後、プロダクトマネージャーになり、会議でプレゼンテーションすることが多くなり「発想力」がアップし、「しゃべり」にも磨きがかかった。僕の社内ベンチャーはFCだったので加盟店を指導する際、この「しゃべり」が役立った。プロダクトマネージャーの時からは、それに書くことが加わった。何かを始める時、自分で考えて作って、それを書いたり、しゃべったり、時には歌って、踊ってと、あらゆる手段で相手に伝える、表現することが好きだった。それに旺盛な好奇心とサービス精神によって、周囲からは「おもろいヤツ」という嬉しい評価をもらっている。人が好きなんで自然に友達が増えた。

そして、今の経営コンサルタントとしての強みと言えば、自分がベンチャービジネスのプレーヤーだったこと、そしてそれに失敗した経験があること、中小企業診断士の資格を取ったこと、最後に僕はサラリーマンには戻れないヤツだったということだろうか。僕は、思いつくことと、表現することが得意だが、反対に形にすることが下手なので、上手な人とコラボレーションすることでマイナス部分を補っている。

この「自分の棚卸し」をすると、自然と「自分テーマ」が見つかる。僕の場合は「インターネット」「SOHO」「ベンチャー」「ネットワーク」が自分テーマであり、最近それに「上海」が入って五つになった。僕の強みは「思いつきとしゃべり」、ベクトルは先に挙げた五つのテーマ、これらをテコにして僕は立ち上がった。

では、次に僕なりの立ち上がりのコツについて話そう。

学生からいきなり創業するという人には当てはまらない話だが、まず初めての創業なら前職を、二度目の創業なら、前の事業を否定してみてほしい。

そして、自分に何ができるかを考える。前職を否定し、一旦頭をまっさらにした上で、何がしたいのか自分に問いかけてみる。前述したWANTからの発想だ。望むと望まざるにかかわらずゼロから考えられるのは、大きなチャンスである。このチャンスを活かすためにもWANTから考えてみよう。MUSTやCANから考える癖がついているので、あえて、前職を捨てることによってCANやMUSTに縛られないようにするというわけだ。

前職を選択した理由について棚卸ししておく。WANTだったのか、CANなのかMUSTだったのかを知ることができる。要は、自分の強みと自分テーマを見つけることが大前提となる。

●明るいヤツに運はやってくる●

元気のないのは、アカン。

から元気で充分なので、元気を出す。『貧すれば鈍する』とはよく言ったもので、元気のないところには元気のない話しか集まってこないものである。

松下幸之助氏が人選にあたって、二つをチェックするように部下に指示したそうだ。それは、運の強いヤツかどうか、そして明るいヤツか、であった。確かに運のいいヤツに暗いヤツはいない。明るく元気なヤツのところに人は集まってくるし、と同時に運もやってくるのだと思う。

事業に失敗すると、まずは外に出ていくことを嫌う。でも、閉じこもっていても何も変わらない。状況はもっと悪くなる。元気がないとアイデアが浮かぶはずもなく、浮かんでも行動を起こせないのだから。

僕の場合も色んな思いがあって、なかなか、表に出ていけなかった。「かっこ悪い」という思いがあり、プライドが許さなかった。業界の先輩を捕まえて「二百店舗創る」と偉そうなことを言っていたその僕が失敗した。それに、みんなの信頼を裏切ったと思って悲観していた。スタッフからの信頼を失ったことも辛かった。辞めていったり、辞めさせたりしたわけで、彼らに対する責任が僕を一番苦しめていたと思う。

でもある日、このままではアカンから表に出ていこうと思い立った。ところが、知り合いを尋ねようと思っても、話すネタが見つからない。バリバリ仕事をしている時なら、相手が誰であれ関係なく話すことがいっぱいあったのに、今の僕には何にもない。事業の顛末についてはは話せるものの、それで話が終わってしまうと相手も自分も気まずくなるし、それでは話が終われない。

たとえば、僕が事業の顛末について話したとする。「…ということで事業から撤退しました」すると、聞き手は「そうですか、それで、これからどうされるんですか?」と間違いなく聞いてくる。この答えを用意しないと表には出ていけないと分かった。

そんなことを考えている時に、友人に誘われて食事に行くことになった。食事の席で、失敗の顛末について散々話した後、「これからどないするの」の話になった。その時にはそんなに深く考えてはいなかったのだが「経営コンサルタント」という言葉が僕の口をついて出てきた。頭では何となく考えてはいたが、言葉にしたのは初めてだった。すると、その友人が間髪入れずに「それはええ。お前は口から生まれたみたいなヤツやから…」と言ってくれた。これには、励まされた。人に励まされるのは久しぶりだった。

この時に僕の次の道が決まったわけである。

それから、僕をよく知って下さる皆さんに「吉田はコンサルタントになる」と宣言して歩いた。この時、大事だと思ったのがさっきの「から元気」だ。みんなが僕の失敗を知っているわけではないのだが、「コンサルタントをすることになりました」と言うと、揃って「子ども服の事業はやめたの？」となる。事の顛末を知らなかった人にまで失敗したことをアナウンスしなければならず、こうなればかっこ悪いなどとは言ってはいられない。当時、どんな人に会っても「僕、事業に失敗しましてん」ここから話は始まった。失敗がネタになっていた。そのネタは僕の強みに、そして、キャラクターになった。そして、この「ベンチャー失敗の法則」という本が生まれることにもなった。

あなたがどんなキャラクターなのかは分からないが、もし、今の状態が良くないのなら、これを契機に自分を変えてみてはどうだろう。

事業を通じてでも個人的な付き合いでもいいが、いずれにしても元気がいいヤツと元気がないヤツとどっちがいいか。晩飯を誘うにしても、元気のないヤツとはあまり席を一緒にしたくないものだ。やはり元気がいい方に決まっているのではないだろうか。元気のコストはゼロだ。元気の振りでもいい。場合によれば、「元気の振り」の方を高く評価してくれるかも知れない。この「元気の振り」は、あなたの「がんばり」そのものなのだから。

「アイツ、失敗してから明るくなったよね」「アイツ、今度のことで、反対に元気になったよね」「アイツ、何か強くなったよね」、こんな風に失敗を自分を変えるきっかけにしてもらいたい。

僕が失敗した時、周囲の人が自分が思ってる以上に心配してくれていたり、気を遣ってくれていたことに気づいた。当時、会った人たちの挨拶は「こんにちは。思ったより、元気やん」で始まって、終わりは「元気なんで安心した。またね」で別れた。やはり、元気は大事だ。元気がないと人は寄ってこない。

やりたいことを宣言すれば、自分に踏ん切りがつく。ここから有言実行のチカラをもらおう。自分が前向きなアピールをすることで、自分自身に元気が出てきて、次のチャンスが向こうからやってくるはずだ。

第5章

ベンチャービジネスに吹く追い風

敗者復活戦への出場条件

復活の仕方の「いろは」というものはあるのだろうか。僕は、失敗した人が再生できるかどうかは失敗した時点で既に決まっているような気がしている。失敗の仕方というかそれまでの生き方が、再生への条件じゃないかと…。

まず、当然だが本人が再生しようと思うか思わないかで決まる。ただ、実際は、再度チャレンジするという懲りない人は多くはないだろうが、本人が再生しようという強い意志を持っているか、或いは根っからの社長なのかということである。

次に失敗から学習して、失敗そのものを強みにできるかどうか。敗者復活戦を勝ち抜いて、今は決勝トーナメントで戦っている社長達の多くは、自分の失敗を肯定している。「不謹慎なことを言いますが、あの時、倒産して本当によかった」と。失敗から学んだことは個人によって違うだろうが、何かしら自分にとって「疑うことのできない真理」みたいなものを獲得していると思える。

そして、敗者復活物語には応援してくれるサポーターと、一緒にやってくれるチームメイトが必要だ。

前者は距離を置いて事業なり、本人なりを応援し、「やってみなさい」と言ってくれる人。後者はその事業に賭け、苦楽をともに「やってみよう」と言ってくれる人である。両者にはプレーヤーをそのまま埋もれさせてしまうのはもったいないとか、まだまだこいつならできるという共通した思いがある。

敗者復活戦にエントリーするプレーヤーは前の試合に負けていることから、精神的にも経済的にもダメージを受けている。スポーツの三位決定戦なら準決勝に負けると自動的にエントリーすることになるが、ビジネスの世界では当の本人が「やります」と手を挙げなければ始まらない。でも、その段階では精神的にも経済的にもマイナスの状況だから、誰かに背中を押されないとなかなか自分からは手を挙げることができないものである。

だから、再起にあたってネットワークが大切だと言ったが、そのネットワークの中にこの二種類の人がいないと再生は難しい。ある社長は「残った社員が、『社長、もう一度やりましょう』と言ってくれたから」、また、ある社長は「迷惑をかけた仕入先の社長から『かまへんから、もう一度やって下さい』と言って頂いたので…」と言っておられた。失敗も含めてそれまでの行動を誰かが見ていてくれているものである。

僕が経営コンサルタントを始めたのは「それがいい」と後押ししてくれた友人がいてくれたからだ。あきない・えーどの所長をやらせて頂くことになったのも推薦してくれる人がいたから。そして、一緒にやろうと言ってくれた仲間がいたから、あきない・えーどは立ち上がった。何事も一人ではできない。

①もう一度チャレンジしようという強い意志。
②失敗から学習し、それを強みにしていること。
③応援してくれる人がいること。

この三つが再生への必要条件ではあるが、それでも充分ではない。プラス「運」が必要になる。成功とは運でしかないという話をしたが、実は、その運も先の三つが運んできてくれると僕は思っている。

僕がこの章でお話しできることは「失敗からの学習を活かす」であり、特に失敗経験が「計画」と「意思決定」にどのように活きるのか、活かすことができるのかについてである。

「何で？」と「ほんま？」が「なるほど！」に変わるまで

国民生活金融公庫総合研究所「『二度目の開業』に関する実態調査」によると、廃業・倒産を経験した経営者は新規開業の経営者に比べて高いパフォーマンスを発揮しているという結果が出ている。

日本では事業に失敗し再び経営者になる人は少ないが、そういう状況から立ち上がり再生した経営者は失敗経験から強みを得ているということが分かる。その強い経営者を再生させずにそのまま埋もれさせてしまうのは、日本経済にとっても損失である。調査によると新規開業企業よりも失敗経験者の方が経営状況が良好で「黒字基調」と答えた企業の割合が高く、開業から黒字基調になるまでに要した期間を見ても、その期間が短いという結果が出ている。

この調査でも分かるように、失敗経験がある人の成功確率は間違いなく上がる。経営全般に失敗の学習効果が出ているわけだ。この学習効果は色んなところで経営のパワーになっているが、ここではビジネスプランにフォーカスした。どんなビジネスでもアイデアがプランになってスタートする。どんな小さなビジネス

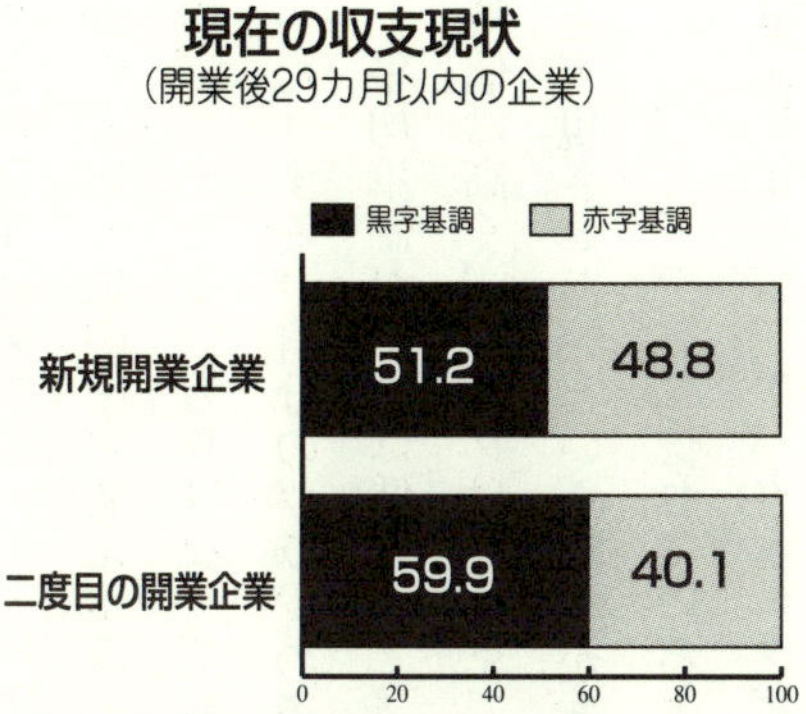

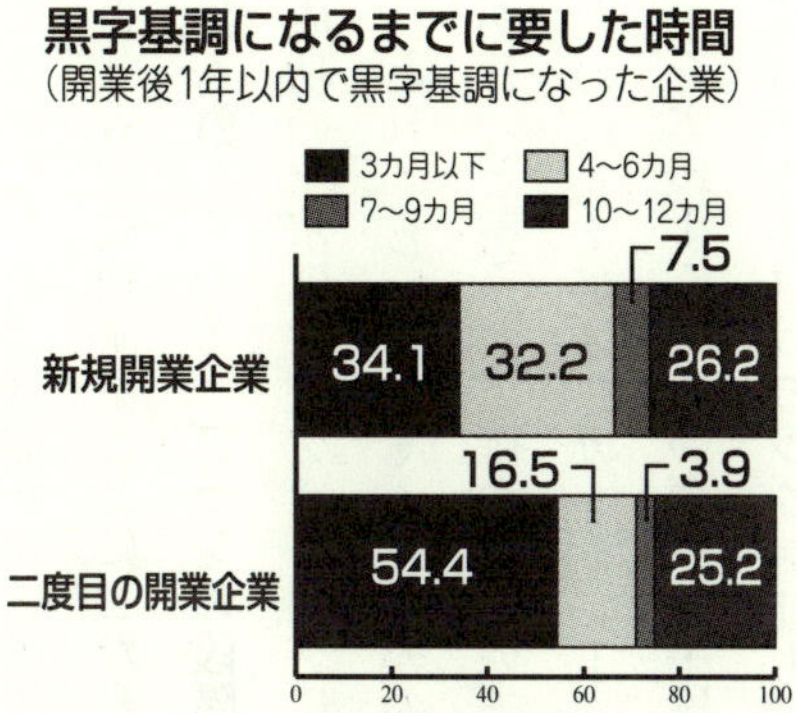

資料：国民生活金融公庫総合研究所『二度目の開業』に関する実態調査」（2001年11月）

でも紙に書いたプランが必要になる。失敗の学習効果はこのプランの段階で一番発揮される。「思った通りに事は運ばない」ことを失敗経験者はよく知っているわけで、この原則を知っていることが事業の成功確率を上げるというわけだ。

市場競争力があって高収益だという事業が、すぐにでき上がるはずはない。市場でもまれて事業は成長する。利益とは売上とコストの隙間だが、実際にはその隙間は数パーセントに過ぎず、多くの中小企業はその数パーセントの確保すらできていない、つまり「赤字」の状況である。

ベンチャービジネスとは誰も知らなかった大きな隙間を見つけたか、その隙間の作り方を創造したかのどちらかである。しかし、プランの段階ではあくまでその隙間は仮説にすぎない。プランにはその仮説を実現するための環境や必要条件、方法・手段、期間などが紙上に書かれているだけである。従って、実際に行動に移したわけではない。アイデアの段階ではそれこそ、とんでもなく儲かりそうな事業でもいざ、プランに落としてみると、「大したことない」などというのはよくある話で、「思いつきでは儲からない」とプランの段階で挫折してしまうようなアイデアが少なくない。

少なからず起業家は、自分のアイデアに酔っているところがある。そこまでではなくても、惚れてはいる。自分の人生と世の中を変えることができるすごいアイデアに出会ったと思い、そのアイデアをプランにする過程で、そんなつもりはなくても、自分の都合のいいように組み立ててしまったり、思い込みにはまってしまったりする。自分のプランの予測損益計算書を作っていて、出てきた利益が思いのほか低い時に、「う～ん…平均単価が千円は低いか？　千二百円は取れるな」「人件費はもう少し、少なくてもいけるか」など…。期待値は高く、リスクは低く見てしまいがちである。どうして、プランが甘くなるのか、それは、そのプランを実現させたいという願望があるから、「うまくいく」と自分に言い聞かせてでもやってみたいのだ。さきほど、アイデアに惚れていると言ったが、少々の不安があっても惚れている分、その相手と一緒になりたい欲求によって、アバタもエクボに見えてしまうというわけだ。

しかし、失敗の経験がある人は、「やってみたい」よりも、「失敗したくない」が先に立つ。彼らはやることよりも、成功することにこだわっている。なぜなら、失敗はこりごりだから。アイデアやプランを選択する目も厳しくなる。**プランの段階では期待値は低く、リスクは高くが原則である。**

成功のツボはマーケティングにある。誰に何をどうやって売るかだ。言葉を換えれば、誰がどのような場合にどれぐらい買ってくれるかが問題となる。その「どれぐらい」が売上予測ということになる。「利は元にあり」と言うが、確かに良いモノを安く仕入れることは大切だが、今のようにモノが溢れ、コストダウンのためにサービスをカットしようとするような時代は、「利は売りにあり」と考えるべきだ。そして、その売上を実現するための売りの手段とコストがマーケティングである。

僕はビジネスプランを評価したり、ブラッシュアップしたり、起業家の相談に乗ったりするのが仕事だ。

だから僕なりにビジネスプランの見方というか、聞き方というか、どこから評価するのかの順序、ステップを決めている。まず最初のステップは、プランになっているかどうかを評価する。

次にプランになっていれば、商品なりサービスの内容を評価する。

商品なりサービスの内容を確認した後は、誰を客層としているのかを確認する。ここで言うお客様とは買ってくれる人であるから、その買う理由も聞く。既にここではっきりしないプランが多い。「誰でもみんなです」などというような人がいるのだ。

さらに、その「誰が」「どこに」「どれぐらい」存在するのかを確認する。これで、そのビジネスの大きさが決まる。最後にその「誰に」「どのような方法」でこの商品なりサービスを到達させるのかを聞く。つまり、認知させる方法と認知した人なり企業がどれぐらいの確率で購入するかの根拠である。しかし、この質問にしっかり答えているプランは稀だ。ほとんどがここでドロップアウトしてしまう。

そこで、以下の二つのツールを使ってそのプランに市場優位性があるのかどうか、その根拠を確認することが大切になってくる。

①「ほんま？」――事実確認、事実認識の間違いをなくすために使うツール

「たくさんの人がこのニーズを持っている」↑「ほんまか？　たくさんって何人？　『持ってる』って何で分かるのか」。

「競争相手はいません」↑「ほんまか？　あんたが知らんだけと違うの？」。

すべての現状認識に「ほんま？」をぶつける。それが、自分の都合のいいようにマーケットを認識しない唯一の方法である。

②「何で？」——未来予測の精度を上げるためのツール

「この価格なら間違いなく買ってもらえる」↑「何で？　お客さんは一円でも安い方がいいに決まっている…」。

「A社はこの商品を扱ってくれる」↑「何で？　それは単なる願望と違うの？　それは期待ではないの？」

このように「ほんま？」と「何で？」を繰り返しているうちに納得できる答えが見つかる。その時に初めて「ほんま？」と「何で？」が、「なるほど」に変わる。

失敗経験者は、この「ほんま？」と「何で？」を使って自分のプランをイヤというほど叩く。プランを橋にたとえると、石橋に見えても叩いて、叩いて、渡る。納得できなかったら叩いても渡らない。

ビジネスは渡り始めることが目的ではない、渡りきることが目的だ。敗者復活する人達は、そのことを失敗経験から学んでいる。

成り行き経営から計画経営へ

プランを熟成させたなら、次に具体的な計画を立てていく必要がある。

成り行き経営で成功した例もある。それは、売上を上げたいとがむしゃらに活動して、結果的に売上が伸び、偶然にも利益が残ったという図式である。従って、そこに先行投資的活動はない。この成り行き経営は将来のリスクに対しては無防備であるから、その場しのぎができないようなリスクには脆い。

失敗経験のある経営者は「成り行き経営」では事業が大きくならないばかりか、成り行きの先には倒産もあることを一番よく知っている。「結果、オーライ」は何回も続かないし、ゴールを決めて、そこに向かって計画的に進むことの重要性を充分に認識している。しかし彼らの本当の強さとは、自分で作った計画すら信じない「したたかさ」にあると僕は思っている。

たとえば、初年度の売上を五千万円、二年目は二億円、三年目で五億円の売上計画を設定し、その売上を達成するためのビジネスプランを作る。このプランとは、未来のゴール（＝売上なり利益）を獲得するための先行投資的活動の手順や実行方法を管理する「ゴールへの投資計画」になる。

経営者は未来予測に則って意思決定をしなければならないが、敗者復活の志士達はその未来予測に対する確信の度合いが違う。自分の中に「ごまかし」があるような意思決定は決してしないし、自分の欲望に対して冷静に対応できる強さを持っている。だから、先行投資とはいえ、赤字には敏感である。特に営業利益に対しては必要以上にこだわる。先行投資とは、このままでも売上も利益も上がっていくが、それの規模、期間を大きく、早くするために行う活動であり、営業利益を確保する仕組みができていることが前提になる。

彼らのしたたかさは、「規模の経済」という甘い言葉に騙されない冷静な価値判断をもたらす。「現状の規模では損益分岐点に達していないので赤字だが、ここまで事業規模が拡大すれば利益が出始め、目標売上が達成すれば高収益企業になる」という短絡的な考えはない。もっとも、スタートから利益が出るような事業であれば、ビジネスプランを掘り下げればもっと短期に、もっと儲かる方法が見つかるはずである。

●ゴールからの逆算●

「したたかな計画経営」で一番大切なのは、目標の設定である。この目標は事業のビジョンから導き出される。まずビジョン実現のための中長期の目標が設定され、それを期間目標に分解して短期目標が設定される。そして、その期間目標によって、今日の仕事が設計されるのである。

たとえば、ここに飲食ベンチャーがいたとする。彼のビジョンは「世界にはばたくレストランチェーンのトップ企業」である。彼はまだ、一店舗しか自分の店を持っていない。繁盛店ではあるが、年商はまだ三千万円ほど。でも、その彼が売上一千億円をイメージできないようであれば、このビジョンは絵に描いた餅なのだと思ってもらいたい。

成り行き経営なら、やっと飯が食えるようになり、人並み以上の所得が得られるようになり、人も育ち始めて、楽ができるようになった。こんな経緯だと思う。しかし、彼のビジョンは世界進出であり、飯が食えるようになったというレベルで喜んではいられない。その店はモデル店に過ぎないし、そこでチェーンオペレーションできるフォーマットができれば、これを多店舗用にテストする。立地や人による売上利益のバラツキを最小限に設定できれば、一気に多店舗展開だ。マニュアルと店舗開発のチームを準備し、教育、トレーニングの仕組みを作成。本部で多店舗をコントロールするにはマネジメントチームも必要になる。他にも情報化戦略、プロモーション戦略など山積する問題を、目標設定に組み込んでいく。以上のことから、ビジョンは企業の行動を規定するものであるが、逆に、ビジョンのないところに事業は生まれないことが分かる。

●アクションプラン（具体的施策）の立て方●

ビジョン・目標が定まれば、そこに到達するための具体的施策が必要になる。ビジネスプランでいうところのアクションプランだ。アクションプランとは、戦略との対比で言えば戦術である。人事構想、マーケティングプラン、商品開発計画、資金計画、株式公開、プローモーションプラン、流通構想、投資計画などど、それぞれの戦略にアクションプランを具体化させ、今日の仕事を組み立てるわけである。つまり、抽象的な表現は禁物で、いつまでに(期間)、誰が(担当部署)、どんな方法で(手段)、どれだけ(量)するかが、具体化されていることが求められる。そして、それぞれのプランは連携しており、計画変更や目標の未達成が起こったり、達成しすぎたりすれば、すぐに関係部門の計画を修正する必要がある。

小さなビジネスでもこの連携をうまくやらないと整合性が取れなくなって破綻を招きかねない。だから、ベンチャービジネスはできるだけシンプルな事業に設計しなければならない。シンプルな事業とは収益のモデルが一つ、お金が入ってくるところも一つということである。つまり、お客様もターゲット市場も一つということだ。これが一番いい。多面的に儲かるビジネスは、一見効率がいいように見えるがそうではない。お客様が多様化すればするほどビジネスは複雑になる。企業が立ち上がる時は一つの収益源でがっちり儲けるプランが一番強い。プランを複数にすれば力が分散され、一つ一つの強さがなくなる。「この事業はいくつかの収益モデルがあります」などと、いくつかの組み合わせの収益モデルを作りたがる人がいる。この手のプランは偽物だと疑った方が賢明だろう。ベンチャービジネスは特に経営資源が限られているため、シンプルでないと勝ち残れない。それと、計画は計画通りにいかないから計画である。計画とは軌道修正するための標識だと心得たい。行き先を見誤らないよう、時々は標識をチェックしたいものだ。

計画は環境に合わせて、競争相手に合わせてどんどん変更していく必要がある。現代のように変化の激しい時代には、その変化をすべて計画段階で読むのは不可能なので「適応型プラン」が最適だろう。

どのような時でも必要に応じて、計画を軌道修正する力と文化がベンチャー企業には求められる。しかし、軌道修正はしても、ビジョンや目標を修正してはならない。でも、ビジネスの世界では小売をするつもりが、卸しになったり、同じサービスでも提供するお客様が変わったりとプランそのものが変更になることがよくある。このように目標を修正するなら、当初のプランを一旦捨てて、一から新しいプランを作り直す必要がある。これをしないと、軌道修正の結果、どこへも到達できずに彷徨うことになる。

だから、ビジョン、理念、方針が適応型経営には大切になる。ここでもう一度整理をしておくと、ビジョンとは「私達が目指すべきところ」であり、理念とは「私達の考え方、拠り所」、方針とは「ビジョンと理念を実現するための行動指針・モノサシ」である。

スピードが求められるこの時代に、素早い意思決定はベンチャービジネスの武器となる。組織のメンバー全員が主体となって、各人がその場で意思決定をしていく。これが、これからのベンチャービジネスの組織イメージである。上司が意思決定をしてから部下に指示するという命令系統では二十一世紀には生き残れない。上司は部下が意思決定をするための情報を提供し、意思決定を支援するという役割になる。そのためにはみんなが共通の「意思決定のモノサシ」を持っておかなければならない。彼らは意思決定に行き詰まるとビジョンと理念と方針に現状を照らし合わせ、またそこから結論を導き出すのである。

つまり、ビジョン、理念、方針とは、その事業に参画しているメンバーが自分で判断できるように用意されたモノサシであり、このモノサシが、メンバーの唯一の上司になるというわけだ。

第5章

一本釣りのマーケティング

今はモノが売れない時代である。つまり、作るより売るほうが難しい。それとニーズが多様化して商品のライフサイクルが短くなり、一つの商品で二年も三年も食える時代は終わった。高齢化に進む人間とは逆行するように、商品の寿命は間違いなく短くなっている。つまり、今までのマーケティングが通用しなくなっているのだ。失敗経験のある人は「売れない」という怖さを知っている。彼らが「売り」に強いというのも一つの特徴だ。

今までのマーケティングは「魚群探知機的マーケティング」だった。つまり、海上から魚群探知機で魚の群れを探し、ある仮説に基づいて、この辺りに、こんな魚がいるはずだと探知（リサーチ）する。方法は、モニター調査とかサンプリングとかヒヤリングとかテストマーケティングであった。リサーチの結果、そこにマーケットを見つけたら、どかんと網をかける。一回網にかけても、次の魚がどんどんやってくるから、次々と網をかける。しかし、こうしたマーケティング手法が通用しなくなったのが二十一世紀だ。何故なら、魚が群れで活動しなくなったのである。それに、移動のスピードが速くなり、群れを見つけても網を準備している間にそこにはもう魚がいないというわけだ。今はスピード重視の「取りあえずやってみるマーケティング」の時代だ。リサーチしないで、おもしろいと思えば、まずやってみる。しかし、大きな網を投げるにはコストがかかるためリスクも大きい。そこで、一本釣り手法が向くようになった。ここに魚がいそうだと思えばまず、釣り糸を垂れてみる。これが「一本釣りのマーケティング」だ。釣り糸を落としてみて、そこに魚がいなかったら、針や錘を工夫して、次の場所に移動する。一つのマーケットに固執しない。これがポイントだ。場所を換えてまた釣り糸を垂れる。もし、そこにヒットのポイントを見つけたら、どんどん針を落とす。そしてばんばん釣る。しばらくして釣れなくなってもまた場所を変えればいいのである。これだけ変化の激しい時代に研究開発やマーケティングリサーチに時間をかけても、それを回収できるだけのマーケットスケールは存在しない。時間とコストをかけて大きな網を作ったら、何度も使おうとする。大きな網は一人では扱えないので、一回投げるのに人手や移動費などコストがかかる。これが失敗の要因になる。

今のマーケットは、釣り糸で充分な成果を上げることができる。魚が多ければ糸の数を増やせばいいのである。網と違って釣り糸は一人で扱えるからコストがかからないし、移動もしやすい。このマーケティングはスピードが命だ。速い意思決定と素早い行動がその成否を分けることになる。

●スピードとは相対的な概念●

世の中、すべての経営者が「スピードが命」とは思っていないようである。本川達雄教授の『ゾウの時間ネズミの時間』という著書が、一九九二年にベストセラーになった。ビジネスの世界でもゾウやネズミと同じように「自社の時間」とか「業界の時間」とか固有の時間概念がある。プラス「日本の時間」もあるかも知れない。この時間概念というか、制限速度を守るのも業界のルールだったりする。しかし、今の競争相手はほとんどの場合、業界外からやって来るため、業界ルールが通用しなかったり、スピード違反の常習犯だったりする。先日もあるセミナーで五十人ぐらいの中小企業の経営者に「自社の経営スピードが遅いと感じておられるか」と質問した。三分の一ぐらいの人がそろそろと手を挙げたが、その他の方はそうでもないという顔をしておられた。僕は毎日、「早く、早く、競争相手に負けてしまう!」とスタッフにどなっている。スピードとは相対的な概念であるから、自社のスピードが変わらなくても世の中や競争相手のスピードが上がれば、相対的に自社スピードは遅くなる。つまり、どこかでスピードを上げているヤツがいる。今までと同じように行動しているのだから、あなたは少しも悪くない。しかし、相対的なスピードは落ちているわけである。それが「負け」の原因である。

競争相手のスピードについていけば生き残れるかも知れないが、儲かるシステムは作れない。自社が業界のスピードを上げる側に回らない限り勝ち組には残れないのである。

●意思決定のスピードが経営を決める●

では経営のスピードを上げるにはどのようにするか。経営のスピードとは意思決定のスピードだと述べた。意思決定の速さを上げるには、「意思決定待ち」という状況をなくせばいいのである。意思決定しないと行動できないので、誰かの指示がないと、スタッフは「取りあえず状態」となる。ここで企業活動は止まる。見かけは動いているが、活動は止まっている、動けないのである。これには三つの原因がある。

一つは、「意思決定したくない心理」。明日でいいことは今日決めたくない。決めなくていいことは自ら意思決定しなければならないような状況は避けたい、という心理を少なからず皆持っている。何故かと言えば、意思決定には失敗がつきもので、誰もが失敗したくないからである。

次に、「慢性的に意思決定するための情報が少なすぎる」

そして三つ目は、「意思決定するための情報収集に時間がかかる」

この三つの原因が意思決定を遅らせている。企業活動で起こる現象としては「考え中」「検討中」「調整中」が長くなり、意思決定はどんどん遅くなる。

では、どうすればいいか。方法は一つ。意思決定を分散化すれば解決する。組織の構成要員がそれぞれ主体者になり、自分で決めて自分で行動する組織を作る。このことで経営スピードは十倍にも百倍にもなる。これを実現するためには情報を共有化し、意思決定の階層をなくせばいいのである。僕はこの方法を「新現場主義」と言っているが、こういう方法を採ると意思決定は分散され、組織全体が現場になる。

組織内部でのヒエラルキーでは、情報へのアクセス権がその源泉であった。課長より部長は偉い。部長より取締役の方がもっと偉い。その「偉さ」は、より高度な情報にアクセスできることで担保されていた。部長は役員会に出ることはできないので、その際の情報にアクセスする術がない。しかし、取締役は役員会でのやりとりを晩飯を食べながらでも、部長に話して聞かせることができる。それを聞いた部長は自分がアクセスできない情報を持っている取締役を偉いと思う。次に部長は取締役から聞いた話を翌日、課長に話す。「昨日、取締役と一杯やってなぁ」と部長は課長にその時の話をする。この伝言ゲームは課長から係長、係長から主任、主任から平社員へと続く。

しかし、この会社の役員会がイントラネットで社内中継されるようになったらどうだろうか？　伝言ゲームに価値がなくなり、同時に情報というヒエラルキーはなくなる。これが情報の共有化である。極論すれば、必要な条件と情報さえあれば誰でも意思決定ができることになる。今までの組織はその情報をトップが独り占めし、トップにしか意思決定できないという神話をつくっていた。しかし、ＩＴは情報共有を低コストで実現し、誰でもすばやく意思決定し、すばやく行動できる環境を僕達に与えてくれたのだ。

●スピードある企業は何が強いのか●

ここでインターネットでのマーケティングの話をしたい。実はインターネットで起こった革命と同じ革命がリアルなマーケットでも起こっている。その革命を僕は「流通革命」にひっかけて、「消費者革命」と言っている。日本でも米国でもそうだが、インターネットでのマーケッターはここまで消費者が強くなるとは思っていなかったようだ。以前は、「顧客主義」や「顧客満足」、「お客様は神様」とは言うものの主導権はメーカーや流通にあったのだ。お客様の立場に立って考えました、とは言っても、決めるのはメーカーであり、流通であった。たとえば価格。半値なのか、均一価格なのか、半値八掛け二割引なのか、その価格がどうであれ、決めるのは売り手だった。ところがこの力関係をインターネットが変えてしまった。オークションや逆オークション、ギャザリングだ。インターネットでは消費者が値段を決める。「これだったら、〇〇円で買うよ」これがオークション。「東京～大阪のチケットいるんですが、いくらで譲ってくれますか?」これが逆オークション。「千円やったら千人買う人がいますが、売りませんか?」これがギャザリング。

値付けの権利が消費者側に移った。これが本当の顧客主義だ。今の時代のマーケティングは顧客側に立たないと勝てない。本当にお客様は神様になったのである。問屋無用論や中抜きと言われて久しいが、売りたい人の味方では勝てなくなった。これが僕の言う「消費者革命」である。インターネットではお客様の買い物をお手伝いする購買代行がリアルな世界に先行して非常に支持されている。

今、スピードは一番大切で、一番当たり前のサービスとなった。お客様に対するスピード化が、顧客の支持を得、企業を強くする。スピードある意思決定、素早い対応はお客様獲得の武器となったのである。

Coffee Break Vol. 11

上海パワー

僕が上海に初めて来たのは、一九九六年の一月のこと。当時僕は四十一歳でした。「後、五歳若かったら、ここでやってみたい」って思いましたが、昨年辺りから、「今からでもやれるか」って気分になっています。僕にとって上海はそれぐらい魅力的な町です。今年も今回で三度目の訪問ですが、夏の上海は初めてです。聞いてはいましたが、七月の上海は暑い。上海は高度成長の入り口で町全体が工事中という状況です。

僕が上海で最初に泊まったのは、平和飯店（ピースホテル）。バンドにある趣のあるホテルですが、この横のビルが工事中でした。工事に対する規制がないんやと思うのですが、こいつが二十四時間工事しよるんです（笑）。ちょっと、日本では考えられませんが、そらスピードありまっせ。日本の規制が八時間内だとすると、三倍のスピードです。最近は開発が郊外に広がりつつあって、これでも街中は少し静かになったそうです。

その上海、一言で言えば「パワフル」です。町のエネルギーが大阪とはちゃいます。日本が戦後三十年かかったことをこの六年でやってしまったような町です。ホームレスと携帯電話、そしてベンツのＳ６００が混在しています。貧富の差はすごいものがあると思いますが、子ども達は真っ白なＳ６００を目指すことができます。これからはアメリカンドリームじゃなくて、チャイニーズドリームの時代やと思います。取りあえず、人がいっぱいで、貧富の差があって、ものすごいスピードで開発が進んでいて、町は公害だらけ。まるで欲望の水族館みたいです。このギャップがぎしぎし音を立てています。この摩擦熱が町のエネルギーになっています。

上海に「新天地」という「おしゃれな町」があります。今回、フランス租界時代のレンガ作りの建物を利用して開発されたこの一角にご飯を食べに行きました。ブティックやギャラリー、カフェ&レストラン、バー、ライブハウスなどが集まっていて、日本で言うと代官山や自由が丘っていうイメージです。そこで、大発見をしました。おしゃれな男の子達がいたのです。僕はここで確信を持ちました。「上海でモノが売れる!」と…。

つまり、文化の成熟度の話です。以前から上海にもおしゃれな女の子は大勢いて日本と変わりませんでしたが、男の子はみんなダサかった。それが、男の子もおしゃれになってきたんです。僕はその国の文化度を男の子のおしゃれ度とジーンズの浸透度で判断しています。これまで上海は、規模と量で発展を実現しようとしていました。その代表選手が高層のビル群です。それが質に転化し、ファッションやアートなど、規模では図れない「心の豊かさ」みたいな新しい価値観が芽生えてきています。これは「ビジネスチャンス」です。この背景には中産階級の成長があります。中産階級がマーケットを築きつつあるのです。通訳をお願いしたイェンさんの実家にはADSLの環境があって、公務員のお父様はネットで株式売買をしてはるとか。お兄さんは建築関係の企業にお勤めで、そして彼女は院生。まさしく、中産階級です。ちょっと古い表現ですが「ニューファミリー」って語呂がぴったり。新天地はそんな新しい上海を僕に教えてくれました。

ありとあらゆる意味の元気がいっぱい詰まった町、上海。僕もすっかり元気になって、新たな活力をみなぎらせて帰ってきました。

Coffee Break

ベンチャービジネスの追い風

大失業時代の到来

不景気はベンチャービジネスにとって追い風である。失業者が増えるのはもっと強い追い風になる。

平成十四年五月の完全失業率（季節調整値）は五・四％となり、過去最悪を記録した昨年十二月の五・五％に再び近付いた。また、完全失業者数も前年同月比二十七万人増の三百七十五万人と、十四カ月連続で増加した。

このような状況は、大企業の定年を四十歳代にまで引き下げかねない。その理由は不況によるリストラだけではない。大企業が消えてなくなる時代である。僕の父は上場企業の役員まで上りつめたサラリーマンのプロみたいな人であった。大正九年生まれの父は三井系の企業にいて、戦後の日本復興は自分達の業績だと信じて疑わな

完全失業率の推移（季節調整値）

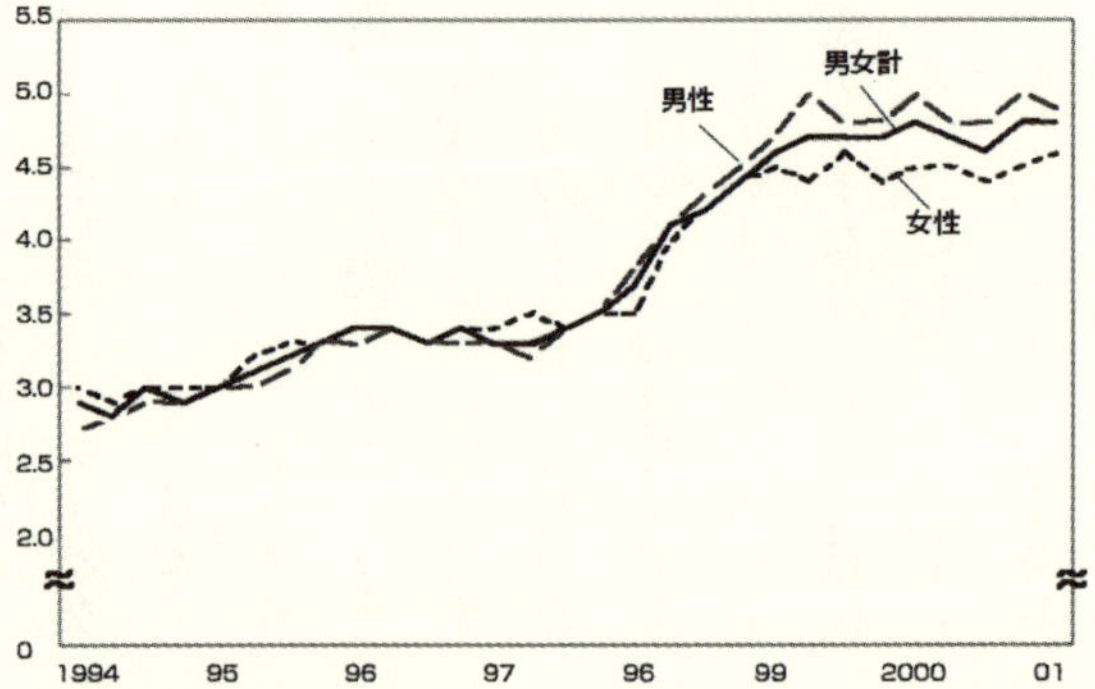

資料：総務省統計局「労働力調査」

い人であった。もし、彼が今の時代に生き返って『三井住友銀行』や『ＵＦＪ銀行』などの看板を見たら、さぞかしびっくりするだろう。

しかし、本当に慣れとは怖いもので、銀行や証券会社がつぶれる時代と言っても、もう誰も驚かない。若い人達にとって、銀行はつぶれるものである。時代は間違いなく動いて、そして、この大失業時代の到来である。ベンチャービジネスにとってこんなチャンスは、戦後のどさくさ以来なかった。ひょっとしたら、志あるものにとっては浪人が溢れる幕末なのかも知れない。

僕は今の、大失業時代はベンチャービジネスに三つのチャンスを与えていると思っている。

一つ目のチャンスは**「人材確保のチャンス」**。大企業は優秀な人材をどんどん輩出しており、新規採用の枠は反対に小さくなっている。ベンチャービジネスにとっては新卒・転職共に今までは考えられなかったような優秀な人材を採用できるようになった。中途採用では四十歳代の実務家を採ることができるし、新卒についても同様だ。あるベンチャーの社長が「吉田さん、最近はうちみたいな会社でもびっくりするような大学から学生が来てくれます。ほんま、いい時代になりましたなぁ〜。だから、うちは新人ほど偏差値が高くて、社長の僕がべったですわ〜」と話していた。

ベンチャービジネスはいつも人材不足である。一年で五人の組織が五十人になっても不思議ではないくらいの成長速度にあって、人材確保は至難の業というわけだ。急成長するベンチャービジネスにとって人材確保はイコール、企業の成長であり、この大失業時代は優秀な人材をベンチャービジネスに送り込み、急成長を支えているのだ。

二つ目のチャンスは**「アントレプレナーの輩出」**である。これは、明日のベンチャービジネスにとってチャンスを与えてくれる。
この大失業時代——何らかの事情で職をなくした人がアントレプレナーとして立ち上がるかも知れない。この大失業時代——大企業に勤めていても、将来を約束されたわけではない。それならば、自分でやってみようとアントレプレナーとして立ち上がるかも知れない。
この大失業時代——学生が大企業に就職したところでやりたいことができるとは限らないし、だからと言って、安定も保証されないのなら、いっそのこと、そのアイデアを事業化しようと、アントレプレナーとして立ち上がるかも知れない。今までは「定年まで勤め上げる」という目標があった。この目標はあくまで自分に対する個人目標であって「定年までまじめに働く」とか「定年までケツを割らない」といった意味であった。しかし、定年まで勤め上げることが、自分の判断や努力ではなく、企業側の都合になった。本人がそのつもりでも、いつ早期退職者のリストに載るかは分からない。大企業に就職しても日々まじめに働くだけでは明日は保証されないのだ。終身雇用が過去の遺物となり、サラリーマンになるリスクとアントレプレナーになるリスクとが近づいてきている。みんなが起業するわけではないが、気概さえあれば、誰でも起業できる環境は整いつつある。
志があるなら「やってみなはれ！」
大失業時代がもたらす三つ目のチャンス。それは**「アントレプレナー文化」**の創出である。もし、僕に息子がいたとして、将来のことで相談に来たら、「好きなことをしたらいい」と答えるだろう。僕の父は、迷わずこう言った。「少しでも大きな会社に入りなさい」と。父のことは尊敬しているが、僕は自分の息子にはそうは言えない。

先ほど、銀行がつぶれる時代と言ったが、一生安泰だと思っていた食い扶持を失った銀行マンは、自分の子ども達にどのように言うだろうか。夫が銀行をリストラされ、新しい人生を歩まなければならなくなった彼の奥様は、子ども達にどのように言うだろうか。

「お父さんみたいにいい大学を出て、大きな会社に入って、まじめに働いたら、幸せになれるよ」とは言わなのではないだろうか。きっと「いい大学を出て、大きな会社に入ったからと言って、幸せになれるとは限らないよ」、或いはもっと過激に、「安定なんてどこにもないから、好きなことに賭けてみなさい」と言うかも知れない。この時代に確信を持って「こうしなさい」と言える大人は少ない筈だ。大人達もどうしたらいいか分からないのだから。

「お父さんにも正解は分からない。確信はどこにもないが、一つだけ、キミに言えることは『自分の人生は自分で決める』ということだよ」。アントレプレナーシップは、ここから育ち始めるに違いない。

開廃業率の逆転現象

開廃業率が逆転し、日本の政府は本気でベンチャー支援に乗り出した。ベンチャービジネスにとってこんないい時代はない。

平成三年の事業所・企業統計調査（総務庁）において廃業率が開業率を上回った。俗にいう「開廃業率の逆転現象」である。昭和五十三年に調査が始まって以来、初めての現象であった。きっと、調査の担当は驚いたに違いない。確かに開業率は五・九％から落ち始めていた。そして、開廃業率の差も縮まりつつあった。しかし、過去逆転したことのない開廃業率がこの年の調査で逆転したのである。この現象は今回の平成不況が循環的不況でない構造的不況であることのシンボリックな出来事であった。

企業数による開廃業率の推移（非一次産業・年平均）

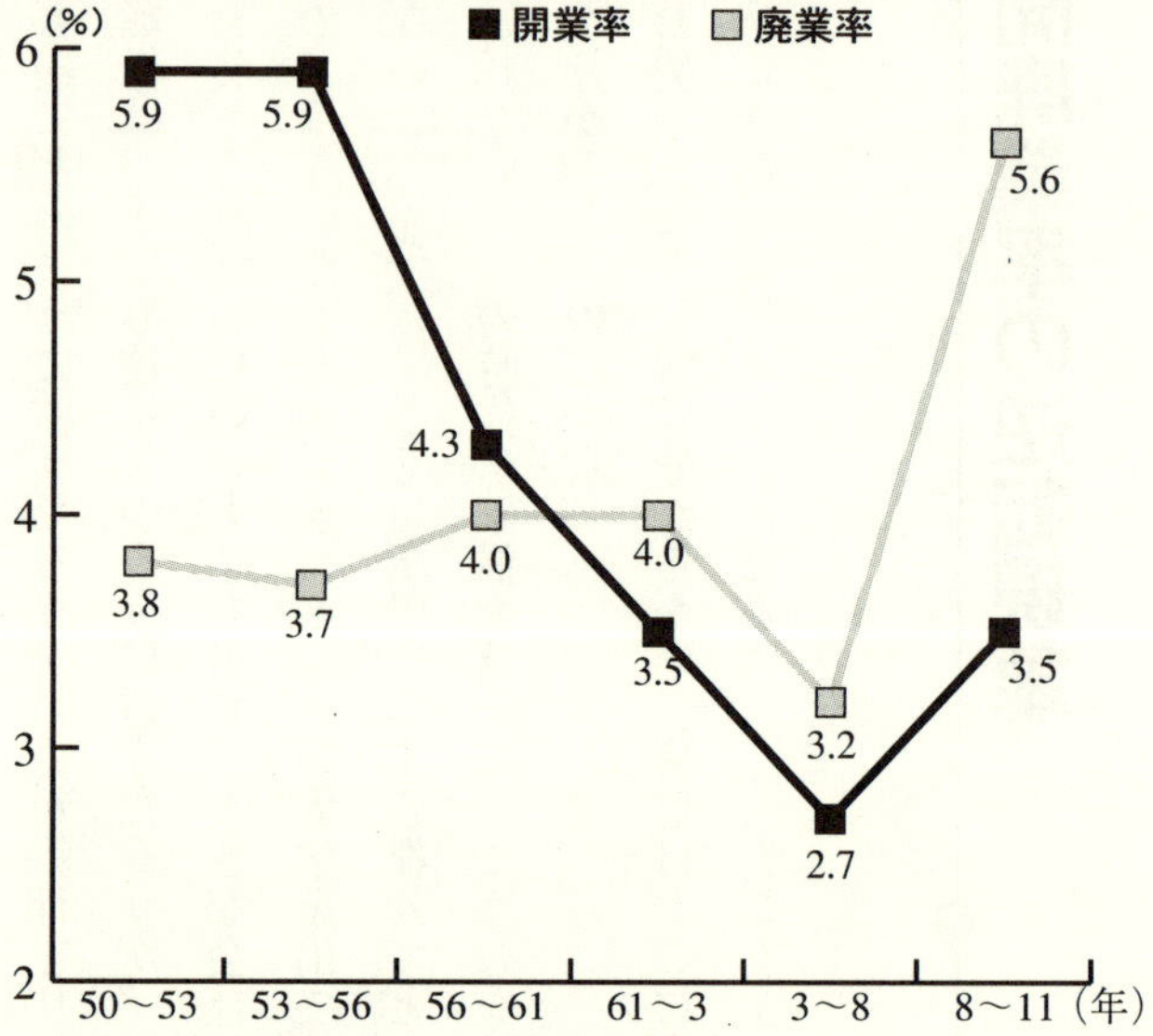

資料：総務局統計局『事業所・企業統計調査』再編加工
（注①）企業数＝会社（法人企業）数＋個人企業数

開廃業率は景気と連動していると思われているふしがあるが、各調査年度の数字を見ていても景気にはあまり関係ないように思う。

バブル経済の真っ只中でも開業率は落ち続け、平成三年の調査で遂に逆転現象が起こった。しかし、次の平成六年の調査では開業率はアップするが、決して景気がよくなったわけではない。

企業数による開廃業率は事業所の増減とは違い、新しい事業が誕生したか、死滅したかの顕著な数値である。開業の動機、廃業に至る経緯は様々だろうが、景気がいいから開業率が増えて、景気が悪いから廃業が増えるという単純な関連ではないことが予測できる。確かに好景気に乗じた開業もあるが、一般に不景気になると労働市場が流動化し、その中で「開業」という選択肢が増える。つまり、景気がよくても悪くても開業への動機は存在するのである。

開業率、廃業率共に高い数値で推移することを「多産多死型」と言う。つまり、多く生まれて多く死ぬ。日米比較でよく言われることだが、これこそ、経済の新陳代謝を促し、市場での競争を生み、そして、経済を活性化する源泉となる。九〇年代以降、米国の開廃業率は共に十一%以上で推移している。一九九七年調査では十四・三%の開業率に対し、十二%の廃業率であった。ここに米国と日本の原動力の違いがある。

前段でも述べたが、日本はもともと起業意欲が高い国ではないが、昭和五十六年まではそれでも開業率が六%近い数値で推移していた。当時、廃業率は常に開業率の一%から二%下にあって、開業率と連動しているとの認識であった。廃業率が開業率を抜いて上昇するという危機感はなかった。その後、開廃業率共に四%台になり、そして、平成十一年調査では廃業率は五・六%、そして開業率は三・五%になってしまった。「少産多死型」である。

今、日本の企業は減少傾向にある。もう少し正確に言えば日本の中小企業はなくなる方向に進んでいる。これは戦後、僕達が初めて経験する現象である。

日本の経済が活性化するには、開廃業率が高い水準で推移する状況でなければならない。廃業率は今後も上昇傾向にあると思われ、まさしく、今の日本は「淘汰の時」である。それならば、開業率さえ増やせば自ずと開廃業率共に高水準となる。

●開業の動機は不景気に連動しない●

景気がよくても悪くても開業への動機は存在する。ここがポイントだ。

もし、景気と開業率が相互に連動しているのであれば、景気がよくなれば開業率が増え、開業率が増えれば景気もよくなるという、鶏と卵の話になってしまう。ところが、景気と開業率は相互に連動していない。従って、景気が悪くても開業を増やすことができ、さらに言えば、開業が増えれば間違いなく経済は活性化する。つまり、この閉塞した日本の経済を活性化するには、開業を増やし、その開業の裾野からベンチャービジネスを創出すること以外に手はないのではないだろうか。

過去のリーディングカンパニーに、日本経済の牽引役はもうできない。日本経済の原動力は多くの元気ある起業家が市場に参入することであり、そこから次代を担うベンチャービジネスが生まれることである。ベンチャービジネスが立ち上がるには好景気は必要ではない。敢えて言うなら、不景気がベンチャービジネスを立ち上げる。そして、その担い手は若きアントレプレナー達である。

政府も遅ればせながらその法則に気づき、経済再生の切り札としてベンチャービジネスを推進することを決めた。政府による創業・ベンチャー支援体制が本格的に稼動し始めた。

この原稿の最終校正をしている頃、「経済産業省は会社設立時の最低資本金規制を年内にも事実上撤廃することを法務省と合意した」とのニュースが流れた。株式会社で一千万円、有限会社で三百万円以上とする最低資本金がベンチャー企業などの起業を阻んでいると判断したようで、会社設立から五年以内に限り、資本金の額を問わないようにするというもの。極端な話、一円でいいということになる。この法律改正は、多くのアントレプレナーを後押しするはずである。本法律は秋の臨時国会に提出され、平成十四年の実施を目指す。

最低資本金がなくなる時代である。これを追い風と言わずに何を追い風と言うのだろうか！

行政の民間による民間のための起業支援

ベンチャーに吹く追い風の実例として、僕が所長を務める『あきない・えーど』について話そう。あきない・えーどは正式名を『大阪市中小企業支援センター』と言い、中小企業支援法に基づいてつくられた三類型の支援センターの中の都道府県等中小企業支援センターという位置づけである。この支援センターは全国の都道府県と政令指定都市に設置され、地域で独自の強みを発揮する中小企業やローカルベンチャーを支援するのが目的である。都道府県等中小企業支援センターを中核的支援センターと位置づけ、その上部階層には株式公開など高度な経営課題に対応する『中小企業・ベンチャー総合支援センター』（全国八カ所）、さらに下部階層には創業や経営革新を行う中小企業に身近な相談窓口として全国三百十二カ所（平成十三年九月現在）の『地域中小企業支援センター』が設けられている。これが三類型支援センターの構造だ。「地域」「中核」「総合」という三階層で段階的に中小企業、ベンチャーを支援しようという試みがなされている。

大阪市はこの支援センターをＰＰＰ（パブリック・プライベート・パートナーシップ）的手法で民間に委託した。もし、あきない・えーどが成功していると言われるならばここがキーだと思う。

視察に来られた方や取材の方達は成功要因を「民間の柔軟な発想」、または「インターネットをうまく使った」とか、「プロジェクト組織がスピードを上げた」、そして「吉田さんやから…」などと言って頂いた。ところが、この意見には本人の納得性が極めて低い。僕でなくてもできたと思うし、僕がしたことはそんなに多くない。

ある時、「民間活用」という言葉が引っかかった。テレビのニュースで小学校の校長先生が民間から登用されたというのを見た。でも、直感的にその校長先生と僕とが同じ位置にいるようには思えなかった。校長先生の例はある既存組織のトップに民間人を登用して、その組織改革に当たらせるという意図である。でも、それで、本当に組織が変わるだろうか、組織にはその組織の歴史と同じだけの文化というか価値基準がある。意思決定のプロセスから会議室の席順まで暗黙のルールで決まっている。どんな優秀な人間でもそれを一人の力で変えることができるとは考えにくい。

僕の場合は違う。僕は大阪の創業者を支援するというミッションを与えられて、そのミッションを実現するためのチームを作って、ビジョンを確立し、具体的目標とプログラムを設計し、それを運用してきた。僕のどんな突飛なアイデアでも「おもしろい」となったら、スタッフがプロジェクトを作り、実現のスキームを作ってくれる。僕の手足どころか頭にもなって実現を目指して活動してくれる。

あきない・えーどでは、「新」とつくことしかしない。今までにない新しいことをするのがここでの価値観だ。こんな冒険を既存組織でできるだろうか？　民間からトップが来ても、彼がそのように思っていても、その組織を自分が思うままに動かせるだろうか？　難しいとしか言いようがない。大阪市は僕にミッションは与えたが、チーム作りから具体的なプログラムの開発まで、すべて僕に任せてくれた。僕はビジョン、理念、方針という組織の意思決定のモノサシも自分で作った。まさしく、行政のアウトソーシングである。

あきない・えーどの民間委託手法は大阪市の戦略である。こんな創業支援センターがこれからどんどんできてくると思う。それらのサービスを活用するのはアントレプレナー達である。これを活用しない手はないと、手前味噌ながらそう思う。

●役割はベンチャーの裾野を耕すこと●

話を戻そう。ある日、ソフト産業プラザ、イメディオの所長、富永氏が帰りの車の中で僕にボソッと言った。「実は大阪市が創業に特化したセンターを作る計画を持ってるねん。吉田さん、このセンターやってみない？」。何のことかとっさには理解できなかった。富永氏は続いて、「大阪市はこのセンターを民間人材に企画、運営のすべて任せたいって言っている。吉田さん、やらへん？　大阪市の人に『いい人がいれば紹介してほしい』って言われてるねん」と言った。

実はこの瞬間から「あきない・えーどプログラム」はスタートする。

二週間後、僕は大阪市中小企業指導センターで面談していた。相手は大阪市経済局の担当、大阪市指導センターの所長、そして、大阪都市型産業振興センターの面々、トップは財団の専務理事であった。いくつかの質問が担当の人からあって、その後で突然専務理事が言葉をきった。「吉田さん、お願いします。やって下さい」。僕は一瞬返事に詰まってしまった。やってくれと言われても何をしたらいいのか全く想像もできなかったのだ。専務理事が「僕からの注文は二つだけです。一つ目はインターネットをうまく使ったサービスをやって下さい。二つ目は創業支援のセミナーを年間五十本実施して下さい。どんな人材がいいのか私には分からないので人材も吉田さんが集めて下さい。財団や大阪市から人を送り込むようなことはしません。吉田さんとは雇用契約は難しいと思うので、委託契約がいいのか、吉田さんの要望に合わせて設計させます。ギャラについてはご希望に添えるようにコイツらのケツたたきますから（笑）。立ち上げは来年二月。ちょっと時間がないんですが、〇〇日までにどんなことをして頂けるかという企画書を作って下さい。それを持って局長のところにご挨拶に行きましょう」

気がつくと、僕は「ハイ。お願いします」と返事をしていた。

僕は先方の話が終わらないうちから上田実千代のことが頭に浮かんでいた。彼女は僕がコンサルタントとして駆け出した時からの仲間で、いくつか仕事も一緒にした経験があり、スキルも人間性も分かっていた。何より、僕にないビジネス設計能力やスケジュール管理能力が高かった。僕のアイデアを紙に落とす人はこの人意外に考えつかなかった。今から考えると大阪市はよく僕を任命したものである。まさしく冒険であったと思う。ベンチャーである。僕は公開支援コンサルタントとして一九九六年から細々と仕事をしていた。当時はやっと顧問先が三社か四社になったところで、講演依頼も月に一件あればいい方であった。イメディオでは少し仕事をさせてもらったが、当然、大阪市での実績はゼロだ。どこの馬の骨か分からんヤツを富永氏の推薦だけで決めた大阪市にはアントレプレナーシップがあるのかも知れない。抜擢頂いた大阪市のみなさんと富永氏にはこのチャンスを戴いたことにいつも感謝している。

面談の時にもう一つ、印象的なことがあった。

専務理事が中小企業支援のスキームをプロ野球にたとえて、こんな風に言われた。「吉田さん、プロ野球にたとえると、僕達、財団や市の人間はフロントです。それを何を間違ったか、グランドに出て監督したり、バット振ったりしてましてん。だけど、向こうからボールを投げて来るのは中小企業の社長です。結果的には負けてばっかり、さっぱり、勝てません（笑）。そこで、大阪市は監督やプレーヤーはプロを頼むことにしました。吉田さんのことですよ。僕らはフロントに徹して、設備を整備したり、練習の環境を整えたり、吉田さんが試合に勝てる環境を作ります。吉田さんは監督になって、選手を集めて、チームを作って、それで、試合に勝って下さい。プロにお願いしたんですから、試合には勝ってもらわないと困ります」

後で分かったことだが、この野球のたとえは磯村市長のお考えであった。市長の中小企業支援に対する考え方を専務理事が代弁されたのである。

正式に僕と財団は契約する。十月一日から大阪市創業支援センター準備室がスタートした。その場にいたのは、上田実千代、菅原裕、岩金弥恵子、木村京子の五人。菅原裕にはウェブとシステムの立ち上げを任せた。立ち上げの助っ人として東京から六カ月の約束で来てもらった。彼は僕が理事をしていた事業組合の仲間で、インターネットの世界に明るい男だった。前職はレコードプロデューサーで和田アキ子のアルバムを作ったり、パナソニックのCMプロデュースをしたりの異色の人材だった。そんな彼は請負の世界のプロだった。三カ月でセンターのウェブとバックで動くオラクルのデータベースを構築した。岩金弥恵子はフリーのウェブデザイナーで、デザインだけでなくシステムやハードも分かる変わり者で、菅原のアシスタントをお願いした。彼女も立ち上げ助っ人として六カ月の契約だった。木村は、みんなの秘書的業務をこなしてくれ、どんな相手にでも平気でアポを取ってくれる。当時「アポとり名人木村」というあだ名が付いた。

僕と上田は現状の把握と新センターの宣伝を兼ねて、挨拶周りをスタートした。きっと、二月のオープンまでに百以上の機関にお邪魔したと思う。訪問先は同じようなサービスを実施している行政の窓口。大阪市はもちろんのこと、大阪府、京都市、京都府、神戸市、兵庫県、商工会議所、そして東京都まで行った。後は、銀行、信用金庫など、金融機関の相談窓口。ベンチャーキャピタル。監査法人、証券会社、大学のリエゾンオフィース、関経連など経済団体のベンチャー支援窓口、関西各地のベンチャー系交流会などだ。

僕達はこの挨拶周りで自分達のコンセプトや方針、プログラムが勝てると確信しはじめた。行政の創業・

経営支援が持つ問題点がよく見えたし、その市場に満足していないお客様の姿もしっかり掴んだ。僕達は自分達の仮説が正しいことを確認し、マーケットへの参入チャンスは充分にあり、後発ではあるものの勝てると思った。

僕達は「創業支援のポータルサイト」になることをビジョンにした。「取りあえず、『あきない・えーど』に来て下さい」「何かを始める時、分からなかったら、『あきない・えーど』」。業界の人達だけでなく、町のおっちゃんやおばちゃん、主婦に学生、サラーリーマンにフリーター、みんなが「創業やったら『あきない・えーど』やろ」と認知してもらうのが、ポータルサイトである。僕達はそうなることを目指した。事業理念は「お客様の満足をサービスの基本にすること」それ以外の尺度は持たないことにした。

方針はフレンドリー、オープン、スピード、ネットワークの四つ。いつも友達感覚で敷居を低く、お客様の立場に立ったサービスを提供する。いつもオープンで誰でも入ってこられる場にするために施設も僕達のマインドもオープンにしなければならない。そして、何よりスピードあるサービス、スピードある意思決定、スピードある行動をモットーとし、今の時代についていくのではなく、時代を引っ張るスピードを大前提にした。あきない・えーどというネーミングは、このような方針の中から生まれた。企画会社、デザイン会社、数社集まってもらってネーミングとキャラクターのコンペをした。カッコイイ横文字、カタカナが並ぶ中でこのあきない・えーどとキャラクターの創助はまったく違う存在だった。ほぼ全員一致で「あきない・えーど」が採用された。

もう一つ。僕達は立ち上げ準備の挨拶周りで行政サービスには顔がないということに気づいていた。大阪市を例にとっても職員が何万人おられるか知らないが、誰の顔も見えない。顔が見えている人は市長ぐらいだろう。サービス業とは店のスタッフにお客様が付くものだ。店には顔がいる。それが店長でありスタッフである。僕達は「顔が見えるサービス」を合言葉にした。僕も含めてすべてのスタッフ、協力頂く専門家、みんなの顔がウェブ上で見えるようにした。このことで親しみと安心を提供できる。スタッフ自身も、顔が出ることによって自覚が生まれる。

サービスは「コンサルティング」「セミナー」「情報提供」「交流」の四つの領域で設計した。

「コンサルティング」ではオンライン相談を他のセンターに先駆けてサービスインした。会員ページのオンライン相談コーナーに行くと、そこに、弁護士や税理士、コンサルタントなど各専門家が顔写真入りでお客様を待っている。写真の下にはその専門家のプロフィールがある。お客様は自分が相談する専門家を選んで、その先生に相談の内容を書き込む。そうすると、四十八時間以内にその先生から返答が返ってくるという仕組みで、このオンライン相談は後にヒット商品となる。やはり、菅原は請負のプロである。短期間に僕のアイデア以上のシステムを作り上げた。そして「セミナー」。上田が担当したセミナーは年間五十回以上にも上り、延べのお客様が二千人を超えた。

「情報提供」は、メールマガジンだった。オープンから二週間で会員は五百人を超えた。(二〇〇二年七月現在九千人)九〇%以上のお客様がインターネットから会員になっていた。このお客様に対して毎週火曜日にメルマガ『あきない通信』を発行している。あきない通信はセミナーやイベントのご紹介と読み物の構成になっている。僕はこのメルマガに『創業はロマンとリアルの綱引きだ』というコラムを約一年半計六十六回書いた。二年目は『よしだが行く!』という社長訪問記に企画が変わり、これも毎週アップしている。これまで五十人以上の元気な企業家を紹介してきた。

最後に「交流」。まず、会員のメーリングリスト（ＭＬ）を作った。僕も含めて専門家やスタッフと友達感覚で情報交換できる場の提供である。後にこのＭＬの中で会員主体の自主的な交流会が企画され、僕達が招待される立場になった。リアルな場面では『創業者ミーティング』という交流会を企画した。後にこのミーティングは二百人以上のお客様を集めることになる。

こうしてあきない・えーどは、立ち上がった。この『あきない・えーどプログラム』も今、三年目に入っている。この間にオンライン相談がヒットし、看板セミナーがいくつか登場して、お陰様で周囲から高い評価を戴いている。新プログラム、イベントもいくつかヒットした。『カウントダウン・ラボ』『あきない選手権』『キッズＤＥあきない』『コンサル出前一丁』『トークバトル』などなど。二〇〇一年四月からは場所を大阪産業創造館に移し、今まで中小企業指導センターの範疇であった既存中小企業へのサービスもあきない・えーどが担当することになった。まさしく、創業、経営のポータルサイトを目指すことになったのである。この間、マスコミにも多く取り上げられ、その中でも平成十三年の中小企業白書に取り上げられたのには驚いた。

ある会食の席で大阪では有名なコンサルタント会社の社長と隣になった。その社長とは以前から面識があって僕にとっては業界の大先輩である。その社長がステーキを切りながら半分冗談でこんなことを言われた。

「吉田君、『あきない・えーど』、流行ってるようだね。さすがだね。でも、あれだけ流行ったら、僕とこの商売を邪魔してることにならへん？」。僕は、フォークとナイフを置いて、「社長、それは違います」と説明を始めた。「『あきない・えーど』のサービスは裾野を耕すサービスです。社長の所にも色んな方が相談に来られると思います。プランにもなってないアイデアレベルのものとか、おもしろそうなヤツやけど、プランが小さすぎるとか…、相談を受けてもビジネスのテーブルに乗らない方がおられるでしょう。今まで、そのお客様をどうしていましたか。帰ってもらってたんと違いますか？　少なくとも僕の会社はそうでした。ビジネスですから、そんな遠い話には付き合ってられんですもんね。そんなお客様を『あきない・えーど』に、紹介下さい。『あきない・えーど』は大阪市の無料サービスです。僕達がアイデアをプランにブラッシュアップして、これなら民間の支援が受けられるというところまで育てたら、また、社長の所にお返しします。ですから決して、社長の所の商売とは競合していません」

僕達は「裾野を耕す」。裾野を耕すことは行政だからできる仕事だと思う。ここは民間にはできない。今まで、志があっても、そのレベルに達していないプレーヤー達は行く所がなかった。しかし、自分で事業を起こそうという気概だけでも褒められていい時代だ。それが、パン屋さんでも花屋さんでも自分でヤルということは給料をもらうことの百倍大変なことである。でも、そんなスモールビジネスがどんどん大阪に出てこないと、町の活気がなくなってしまう。身近な創業を増やすこと、身近に創業している人がいること、その中からしか次のベンチャービジネスは生まれてこない、というのが僕達の考え方である。

前段でも触れたが、最低資本金がなくなる時代である。あきない・えーどのような個性ある支援センターが全国にどんどんできている時代だ。官民合わせてインキュベーションが三百施設になる時代である。国民生活金融公庫は新規開業貸付資金に無担保・無保証人の特例処置の拡充を図った。

こんな時代に創業しないで何をするというのか。まさしく、ベンチャービジネスの時代はここに来ている。

「いつやる？　今やる！」、それしかないだろう。

Coffee Break Vol.12

専門バカの進化論

この進化論は、僕がサラリーマンの時に参加した社内プロジェクトの成果物です。このプロジェクトには全国から三十人ぐらいの若手が集められ、六つか七つのチームに分けられて一年間活動しました。その活動の中で「うちの会社は専門バカばっかりで困るよね」なんて意見が出てきました。「そうそう」ってことで、この「専門バカ」をチームの研究テーマにしました。しかし、議論が進むにつれて、うちの会社の専門バカって言われる人って、本当に専門バカ？　なんて話から、この「専門バカの進化論」が生まれました。この進化には三段階あり、「ニセ専門バカ」→「専門バカ」→「マルチ専門バカ」と進化します。ここで言う「専門バカ」とは一般的に使われているような揶揄した意味ではなく、どちらかと言えば褒め言葉です。それでは、それぞれの生息地、得意技、口癖などを紹介することでその全容を説明します。

まず「ニセ専門バカ」ですが、生息地は大企業内に多く、別に大した専門バカでもないのですが、長く同じ部門に従事することでこのニセ専門バカが繁殖します。この人たちは社内交渉に際して、専門用語を多用し、相手を煙にまく得意技を持っています。また、簡単な話をややこしくして、本人も分からなくなったり（笑）、「難しい？」とつぶやきながら顔をしかめるのも得意技です。口癖は、「それは専門外だ…」とか「君は専門じゃないから…」、或いは「そんなことができるか！だから素人は困る」など。ほら、いるでしょ、こんな人。そうそう、そいつがニセ専門バカです。

この「ニセ専門バカ」から少数の人だけが、次の「専門バカ」に進化します。本当の

「専門バカ」は研究開発部門、技術部門に多く生息します。確かに専門性は高いのですが専門外のことにまったく興味を持たないという特徴があります。得意技は「没頭」。自分の世界に入ってしまいます。ニセ専門バカのように自分の存在を主張しようとはしませんが、干渉も嫌います。口癖は「ほっといてくれ…」。彼らは職人とも共通点を持っていて、「できないでしょ?」とか「難しいでしょ?」と言われると俄然燃えます。やっぱり、その辺が本物の「専門バカ」と言われる所以であります。

最後に、進化の到達形である「マルチ専門バカ」。彼らは自分の専門分野を持ちながら専門外についても幅広い知識があり、名前が表すように「マルチ志向の専門バカ」です。専門については抜群の見識とスキル、経験を持っていながら専門外についても好奇心が強く、勉強熱心です。難しい専門分野の話を素人にも分かりやすく、簡単に説明することができます。口癖は「やってみよう!」。各分野に平均点以上の見識があって、尚且、専門分野は一流。企業内部にも生息していますが、ほとんどの場合、独立しています。ネットワークも広く、みなさん楽しくやってはります。得意技は「フットワークの軽さ」「子どものような好奇心」です。このマルチ専門バカこそが、アントレプレナーに向いています。どうせやったらこのマルチ専門バカを目指さなあきません。マルチ専門バカとは専門バカの中で進化してきた人たちのことであり、ゼネラリストではありません。

間違ってはいけないのは、今の時代、ニセ専門バカに属する人よりも、自分がゼネラリストで仕事ができると勘違いしている「エセ専門バカ」の方が問題だということです。

第6章

5人の企業家が語る
起死回生の復活劇

再起に賭けた人たち――Vol.1

㈱イソカイ 代表取締役社長 磯貝昌信 × 吉田雅紀

民事再生の『再生』とは、生きるという意味だと思った。だから、「生きたい！」って思った

1945年、柏原市生まれ。父親が創業したイソカイを1988年に事業承継し、代表取締役に。その後、取引先の倒産、本社の全焼など3度にわたる危機を乗り越えてきた。今年、民事更生法の適用を受け、全社一丸となって事業再建を目指す。毛糸のパンツブームの仕掛け人。

http://www.isokai.co.jp/

銀行から再融資の打ち切り通達を受ける

――イソカイさんは、今年四月に民事再生の申し立てをされ、五月に認定を受け、現在、再建に向けて全社一丸となって取り組んでおられる状況で、このような時期に取材をお願いしてもいいものか悩んだのですが…。

磯貝　再建できると信じているからこそ、取材をお受けしました。支払いの相談のために幾度も銀行に足を運んでいた頃は、毎日数字に追いまくられ精神的な消耗が激しくてね。四月に再生手続の申し立てをしてからも、債権者はじめ関係各社への説明やご挨拶に出向いたり、認可に向けて再生計画案の中身を詰めていかねばなりませんでした。この怒濤のような日々が経過して、ようやく過去を振り返られる余裕ができました。そして、新商品のアイデア出しや営業に出向いたりと、本業に精を出せるようになったのも最近のことです。

――では、これまでに至る経緯を順にお聞きしたいと思います。マイカル、ニコニコ堂、長崎屋と取引先である大手流通企業が相次いで経営破綻に陥ったことが、御社の破綻を招く導火線になったわけですね。

磯貝　そうですね。マイカルに対する九千五百万円にも上る不良債権が大きな負担となりましたが、それでもまだ毛糸のパンツが売れていたので割とクリアできていたんです。その後もマイカルとは継続して取引させて頂いておりましたが、マイカルは昨年の十二月に民事再生から会社更生法に再建策を変更されましたよね。その際、イオンが支援先になったことで一安心だと思っていたのですが、蓋を開けてみると支払条件が格段に悪くなってしまいました。

四カ月先の延べ払いになったため、いきなり一億五千万円が売掛金となり、資金がショートするという事態に陥ったのです。それが元で資金繰りに窮することになり、銀行から借入れをしました。その売掛金を譲渡担保として銀行に入れ、毎月十五日に資金の借用を受け、翌十日に返済、また借り換えるというやり方で何とか凍結されたのです。

は「これ以上の支援はできない」旨連絡がありました。そして、会社の銀行口座、保証人、母親、娘の口座が資金を工面しました。ところが、四月の時点でどうしても三千万円が不足することになりまして、銀行側から

――大変な状況を、どのように対応されたのですか。

磯貝　もう、驚きましてね。翌日、弁護士さんに来社願って相談をしたところ、単刀直入に、「破産されますか、民事再生にしますか」と聞かれました。民事再生と言われても、その内容までは掌握できていませんでしたから返答に窮しました。その時、言葉のニュアンスから、破産には「全てをなくす」というイメージを、再生には「生きていく」という前向きな感じを受けたのです。それで、「再生を選びたい」って弁護士さんにお話ししました。

ただ、「民事再生はそんなに簡単なことではありませんよ。本当にできますか?」と尋ねられました。その時点では、頭の中は真っ白の状態です。気づいたら「やります」って言っていました。ただ、当座、そして個人預金と何から何まで銀行が押さえていますし、急なことでしたから準備もできず、手持ちの資金は全くありませんでした。にもかかわらず、弁護料に三百万円、裁判所に申請費用として五百万円が必要だというんですね。どうにか、八百万円が揃い、それで民事再生にしようということになったという経緯です。

――確か、奈良県で初の民事再生事例になったと思いますが、申し立てはスムーズにいったのでしょうか?

磯貝　大変でした…。たまたま十二日が金曜日で、十五日が手形決済日だったんですね。不渡りを出してからだと民事再生を申請しても通らないということから、十五日の朝九時に裁判所に申し立てをする必要がありました。マニュアルを引きながら金・土・日曜の三日間、朝から夜遅くまで社員総動員で何とか必要書類を揃えました。弁護士さん曰く、短くても一週間、せめて二週間は必要だろうって言われていたのを、何とか駆け

込みで間に合わせることができました。

協力会社のためにも再建を誓う

――民事再生法は、経営者が続投可能ですし、本社施設や工場、什器設備などを使用し、事業を継続しながら再建できるという便利な法律ですね。

磯貝　ええ、本社も工場も全てが担保物件になっていますが、執行までに猶予が与えられますので、その間に弁済を完了すれば、自分たちの会社のものになります。当社は大手流通業の破綻によって非常に苦い思いをしました。だからこそ、当社への信用だけで再生を待って下さっている仕入れ先や協力工場の方々に、一日も早く債務を弁済しなければなりません。

――仕入れ先というのは、どのような業者さんになるのですか。

磯貝　毛糸のパンツを編んでもらっている下請け工場、生地業者さん、付属品業者さんなどです。通常ならば、「もうこれ以上取引したくない」って思われても当然なのに、引き続きお付き合いして下さっています。当社オリジナルの商品を作って頂いておりますので、当社がまた倒産でもすれば、製造中の商品の引き取り手がなくなるのです。そのようなリスクがあるにもかかわらず、引き続きお付き合いして下さっている。その皆さんの気持ちは忘れてはならないと。

――そうした周囲の方の応援はとても励みになりますね。ところで、再生計画案を作成後、債権者説明会を開かれたそうですが。

磯貝　まず謝罪をさせて頂き、その後に民事再生法についての説明、そして今後の予定についてお話しさせて頂き、ご理解を仰ぎましたところ、逆にたくさんの方から励ましのお言葉を戴きましてね。当社の九州工場に段ボールを納めている方などは、「工場の人が皆心配して仕事が手に付かないでしょうから、早く行って励ましてあげて下さい。そうすれば生産性が上がると思います」と言って下さったほどです。得意先にも顔を出して、ご迷惑をおかけしたことを謝罪し、今後のことについて説明させて頂きました。

再建に向けたイソカイのビジョン

――この三カ月間を振り返られていかがですか。

磯貝　前が見えない不安に押し潰されそうになり、妄想って言うんでしょうか、通常の精神状態ではいられませんでした。家族が悲しむ姿を見るのは辛かったですし、国民の義務である税金さえ払えず、父親から受け継いだ家も土地も失いました。何より、多くの人にご迷惑をおかけしましたから。

中小企業の社長はどなたもそうですが、家を担保に資金を借りていたり、連帯保証人になっていますから、様々な通知や請求などが山ほど届きます。これも精神的なプレッシャーになりました。でも、自分がしっかりしなければと思いまして、分からないなりに書類を揃えたり、弁護士さんやコンサルタントの方達にアドバイスを頂きながら再建に向けてがむしゃらに走っていると、民事再生法とは資産の劣化や従業員の離散を防ぎつつ、早期の再建を促す法律であることが分かり、徐々に不安はなくなっていきました。娘が金融機関との折衝や弁護士さんとの話し合いにあたってくれるなど常に傍らにいてくれましたので、とても心強かったですね。

――再生計画はどのようにして立てていかれたのですか。

磯貝　申し立ての際に大枠を決めておかねばなりませんでした。それから半年後に、きちっとした再生計画案を作成しなければなりません。再生計画の認可は、債権者の過半数による、債権総額の二分の一以上の賛成または同意、および裁判所の認可決定が必要です。金額的にはやはり、金融機関が一番大きいのですが、協力して頂けそうです。

今年は四月に予定していた展示会ができませんでしたから、営業が全得意先に回って今後のことを含め、新商品の説明を行っています。毛糸のパンツは四月の時点で八十万枚の受注があったのですが、資金の問題もあって全部は受けられず、三十万枚の出荷に留まりました。ただ、売掛金がうまく回っていますので、着実に軌道に乗せていけると思っています。

――再生計画の大枠が決まり、仕事を再開できたのはいつ頃だったのでしょう。

磯貝　民事再生の申し立てから一カ月半くらい経った頃だったと思います。それまではとにかく民事再生手続をレールに載せるのに必死でした。そしていざ、仕事をするとなると、資金が必要でしょう。先程申し上げたような資金繰りの状態ですから、どうすればいいのか分からなくなって。それで経営コンサルタントの先生に相談に伺いました。

すると、「会社経営には『ヒト・モノ・カネ・ノウハウ』が必要ですが、カネは天下の回り物だからいくらでも回ってきます。だからカネのことは、心配しなくてもいい」、そして「まずはヒトを見ないといけない。モノについては御社には在庫があるでしょう。それを売ればいい。企画力と良い商品を作り出す力がイソカイの強みであって、そのノウハウは既にあるじゃないですか。民事再生にされたのは正解ですよ」って言われました。この言葉で、どん底から救われた気がしましたし、一種の心のケアになりました。

――再建計画を実行していく中で、今回の経験が活かされている部分はありますか。

磯貝　今回のことで自分自身を知ることができました。そして、これまでの自分は甘かったと反省しました。

ただ、私は人に流される人生が嫌で、自分で切り開いていきたい人間なんですね。だから落ちてもまた這い上がってこられる。今回の一連のことで、自分自身、そしてイソカイの弱みを知ることができ、逆に強みにも気づくことができたと思っています。

そうした気づいた点を整理し、再建フォーマットを全社員に配付して意識の変革を図っています。まず『売上げは小さくてよいが、利益は追求していこう』をモットーに、金融機関からの支援打ち切りを機に、『無借金経営、現金商売』に方針を転換しました。組織に関しては、新たに管理部を設けました。ヒト・モノ・カネを徹底管理することで社内の円滑な連携を目指し、外部ブレーンを入れて社内の活性化を図っていくつもりです。企画のイソカイとして市場性のあるよい商品を積極的に開発し、売掛金の回収並びに在庫を持たないビジネスを徹底することで資金の流れをよくしようと考えました。反省すべきは反省して、二度と同じ轍を踏まないようにしたいと思っています。

——最後に磯貝社長にとって成功とは何でしょうか？

磯貝　破産か民事再生かを選択する時に、民事再生を選んだのは、絶対に弁済を完了させ、債権者の方々の恩に報いたいと思ったからです。考えてみると、それまで一生懸命守ってきたのは自分のことだけだったんじゃないかって思ったんですね。成功したいとか、お金を儲けたいとか、自分の欲でしかなかった。でも、今回のことで自分が守りたいものがはっきりしたんです。それは社員だったり、家族だったり、仕入れ先や工場の人たちです。守らなければならないものがあると、人間強くなれます。自分を捨てて守るという意識が生まれました。守るべき人たちの役に立つ、喜んでもらう、そういう部分を作り上げることができたなら、それが自分自身の成功だと、今ははっきり言えます。再建を果たし、これまで以上に周りの人たちの役に立つイソカイをつくる。再建とはそういうことだと思っています。

～取材を終えて～

「弁護士さんから『再生は大変ですよ。再生できますか？』と問われた時、まったくメドも立たず自信もなかったですが、『できます』と答えていました。『破産』と『再生』なら『再生』しかないと。それから三カ月。今は絶対に再生できると思っています。メドも、勝算もあります」。磯貝社長は、「やるか」「やらないか」では悩んでいなかったことを知って、「やっぱりなって納得しました。ここで悩んでいるようでは再生なんてできません。悩みは「どうやるか」でなければだめですよね。そして、この言葉も印象的でした。「三カ月前はどうなるのか、どうすればいいのかという不安でいっぱいでしたが、それも僕には既に過去の出来事になりました。だからこうしてお話ができます。今はやりたいことがいっぱいで、ウキウキしています。イソカイは未来に向かって生きています。吉田さん、苦労も楽しんでいますよ（笑）」

僕が尊敬する人生の大先輩ですから、「がんばって下さい」などと偉そうなことは言えません。そんなことを言わなくても、既に「イソカイ」は再生していました。

磯貝社長、ありがとうございました。これからもよろしくお願いします。秋の展示会、伺わせて頂きますね。

再起に賭けた人たち――Vol.2

㈱タカギ 代表取締役 高城寿雄 × 吉田雅紀

運は風に乗ってやってきてはくれない だから、引き寄せる努力が必要だ

1938年、北九州市生まれ。幼少の頃より数々の発明で賞を受賞してきた経歴を持つ。'61年金型製作会社を設立するが、オイルショックの余波を受け、和議を申請。'79年、㈱タカギを設立し、家庭日用品分野に進出し、会社の再建に成功。今も数々のヒット商品を世に送り出している。

http://www.takagi.co.jp/

下請けからの脱皮を図る

――高城社長は以前、プラスチック製品の金型製造会社を経営されていたと伺っていますが。そちらの会社の立ち上げ当初のお話から順にお聞かせ願えますか。

高城　訓練校を出てラジオ・テレビの製造・修理に携わった後、二十三歳の時に金型の会社を立ち上げました。金型製造は一人前になるのに十年はかかると言われている世界です。生まれつき器用だったとは言え、そんなに簡単に技術を習得できるはずはありません。なけなしの資金と僅かな技術しかない以上、絞り込みが必要だと思いました、悩んだ末、インジェクション（プラスチック射出成形機）の分野に特化することにしたのです。そして、東京や大阪の金型メーカーの指導を受けながら懸命に研鑽に努めました。

創業から十年が経過する頃には、東京の同業者にも劣らない技術力を持つようになり、大手家電メーカーの九州工場の金型製造を一手に引き受けるまでになっていました。しかし新工場を建てて、さあこれからっていう時に、オイルショックでしょう。急に注文が入らなくなりました。目先の資金繰りに追われた私は、営業活動を行う余裕もありませんでした。それでも三年持ちこたえ、景気回復の兆しも見えてきたものの、立ち上がる余力は残っていなかったのです。

――それで倒産…。会社整理の方法として和議を選択されたそうですが、それは何故ですか。

高城　当時は弁護士さんとのお付き合いもなく、倒産法制に関する書籍を購入し独学で知識を得ました。会社再建が前提にありましたから、中小企業向けの条件であること、そして社長交代の必要がないということから和議を選択したのです。子どもの頃から発明展等で幾度も表彰された経験があり、発想力と技術力には自信がありましたので、再建案として自社商品の開発を掲げました。幸い生産ラインは安定していましたので、事業再開の環境は整っていたのです。家庭日用品製造に力点を置き、新たな事業に向けての再建でしたが、債権者会議で再建に賭ける心構えを誠意を持って訴え、ご理解を頂きましたし、金融機関が借入金返済の棚上げをしてくれ、返済が楽になったこともスムーズに再起できた要因だと思います。

全国シェア六〇%を誇る大ヒット商品の開発

——再起を賭けた新製品は、いつ頃完成したのですか。

高城　和議の申請から一年後の一九七八年です。その第一号となるタンク付灯油ポンプ『ポリカンポンプ』は、大阪商工会議所会頭賞を戴き、大ヒット商品となりました。簡易式の給油ポンプが百円の時代、思い切って二千円という価格設定をしました。当初はバイヤーから「どうせ売れないだろうから、好きな値付けをすれば」って言われていたんですよ（笑）。地道に実演販売を重ねるうちに、量販店との取引が始まりました。そして翌年には和議申請前の三倍にまで売上げを伸ばし、申請から二年で弁済を完了することができたのです。これは、債権者の方々のご支援とご協力があったからこそ成し得たことです。その次に売り出した商品が、『省エネシャワー』です。お風呂にシャワーのある家がまだ珍しかった時代ですから、ホームセンターを中心に百万台を売り上げました。そして、五通りに水が出せる『ノズルファイブ』という散水ノズルに到達、今や散水関連での全国シェアは六〇%になります。この散水ノズルを含め、全て特許商品です。現在こうした生活用品を中心に、海外六カ国を含む百五十を超える特許を取得しております。

——タカギさんは常に、「こんな便利なものがあればいいいな」っていう消費者の声、要望を形にすることで成長してこられたようですね。

高城　売り方がどうであれ、最終的にはエンドユーザーに愛される商品でなくてはなりません。消費者並びに売場担当者の声を商品開発から営業販売にまで反映させるよう努めております。また、コストパフォーマンスを考慮し、中間流通をカットする方向を模索してきました。そこで、一年ほど前より本格的にマンションのデベロッパーとの取引を開始、蛇口一体型浄水器の販路を確保することができました。今では、全国の新築マンションの十戸に一戸は私共の浄水器を取り付けて下さっています。

失敗から再起できる社長と再起できない社長

――失敗の経験を通して高城社長が学ばれたことと言いますと。

高城　下請業者のままでは、状況を打開するにも打つ手が限られると実感しました。親方がくしゃみをしたら下請けは肺炎になる、などと言いますが、私共はまさにその状態だったのです。待ちの商売しかできないという下請けの宿命を痛いほど知ったわけですから、今度は自分たちの技術力を活かした自社ブランドを立ち上げようと思いました。仕事は待つものではなく、自分で取りにいくもの、つくり出すものでなければならない。借金経営をすると自転車操業に陥りやすくなります。そうした余裕のない経営をしていると、キャッシュフローが悪くなり、リストラもできない。さらに銀行返済は待ったなしですから、返済のためにお金を回す必要が出てくる。そこで、条件の悪い儲からない仕事もしなければならなくなる。すると、返済どころか更に資金繰りを圧迫することになる。しかも、利益が出なくても従業員に給料を支払わなければなりませんから、またそのための借入れをする。こうした悪循環が起こり、自らを窮地に追いやってしまったわけです。そこで資金的に余裕のある経営を目指そうと思いました。

――ひと口に再起と言っても、本当に大変な労力と、精神力が必要だったと思うのですが、一体、何が高城社長を奮い立たせたのでしょう。

高城　本質的に社長に向いていたのかも知れませんね。つまり、どさくさにまぎれて元気を取り戻す（笑）タイプなんですよ。そういう本質的な部分って、訓練や経験を積んでも身に付くものではない。今の世の中、どの企業も生き残るために鎬を削っているわけですが、鼻の差で競争しているようなものじゃないですか。そういう状況にあって、社長に向いていなかったらスタートラインにも立てません。そして一緒にとことん走ってくれる社員を一人でも二人でも見つけることですね。能力に多少の差があっても、損得なしにとことんやってくれる人材、命懸けで頑張ってくれる社員が何人いてくれるかで、勝負は決まるんじゃないでしょうか。

それと私の場合、運がよかったのでしょうね。努力するのは当たり前ですから、若い頃は、本当に昼夜なく必死で働きました。こんなエピソードがあります。納品に行く際は、二人で一台の車を運転して行きました。運転席に座った者がアクセルとブレーキを担当し、もう一人が助手席から身体を乗り出してハンドルを握るんです。というのも寝る間も惜しんで仕事をしていましたから、もうくたくたで眠くてね。そんな状態で運転なとどすると危なくて大変です。だから眠れないのです。それでも、赤信号で停止している間に二人とも熟睡ですよ。すると後ろの車がクラクションで起こしてくれる。びっくりして飛び起きて、また二人で運転ですよ（笑）。とことんやりましたね。

ただ、人間、努力しすぎるのもだめですね。つぶれるべきものはつぶれないと。それを無理矢理努力で保たせると、失敗が大きくなってしまいます。成功した方からよく、「実は昔会社をつぶしていて、業種転換して全く違う商売を始めたら、それが当たりまして」っていうお話をよく伺います。見方によれば、私の場合、前の会社の倒産は、神風だったのかも知れません。

――それが現在のタカギさんの成功だというわけですね。欧米と比較して日本の場合は、失敗に至る時間が長すぎるという統計が出ています。だから欧米では致命傷になりにくく、再起できる確率も高いんですよ。

高城　勝負の見切りをどこでつけるか、攻めるのも早いけれど逃げるのも早いというようなタイプでないと、社長業は長持ちしませんね。時には利口な敗北を選択することも大切なのです。

――よく分かります。僕の場合も、なまじやる気があったがために深みに入り、それでも何とかしなければって最後まで頑張って、傷口をどんどん広げてしまったのです。

高城　自分で経験してみないと分からないものですよ。どの辺りで引き返すのか、本を読んで勉強して得られるものではありません。私は実践推奨派なんですね。学校で経済学者や評論家を養成しても、それは机上の知識でしかありません。言うなればペーパー・ドライバーみたいなものですから。

――今の若い経営者を見ていて自分がもう少し若かったらって羨ましかったりするのですが、社長にお会いしてそんなこと言ってたらあかんなって思いました。そのバイタリティはどこから湧いてくるんでしょうか。

高城　よく、しつこいって言われますね（笑）。諦めませんから。思い入れが強いので、いっぺん言い出したらとことんやります。事業そのものが面白いんですよ。趣味と実益というわけではないのですが、私の場合は趣味の発明が仕事につながったりしますから。

運を引き寄せるには先行投資が必要

――これから事業を始めようとしている若者にアドバイスを戴けますか。

高城　お客様が喜んで下さる仕事をするってことですね。『いい社員・いい商品・いいお客様』を目指す。これが一つでも欠けると企業はだめになります。これらを確固たるものにしようとすれば、知恵と努力が必要です。いいお客様を確保しようとすると、『タカギのファン』になってもらわなければならない。それには、そうなれるだけの資格が必要になります。その資格を得るには、いい商品といい社員が必要だってことです。

弊社の社風は『ちょっと右寄りで、ちょっとおっちょこちょいで、ちょっとエッチ』なんですね。「ちょっと」というのは、何事も度が過ぎるといかん、全くなくてもいかんという意味です。冷めてなくて（右寄り）、ケツが軽くて行動力があって（おっちょこちょい）、色気がある（エッチ）人がいい。私が思うごく普通の人間像でもあります。いくら優秀でも繊細すぎると挫折してしまいますから、ちょっとが丁度いい。社長から何かの指示があれば、頭で考える前に行動に移す。そして事実に基づいた報告連絡をきちっとする。社長はその報告に基づいて的確な指示をすればいいわけです。

――多くの企業経営者が、人生の節目節目に重要な人との出会いがあったり、それも全て運がよかったからとおっしゃいますが、運を引き込むにも裏付けが必要だと思います。

高城　私の人生の前半は人集めと、資金集めに終始していました。その合間に仕事をしてきたようなものです。資金も技術もないまま、スタートを切ってしまったために大変な苦労をしましたが、その苦労は自分自身の糧になっていると思います。だからこそ、少々のことではびくともしない土壇場の底力が養われた気がします。物事は願っていれば叶うものではありません。思いを行動に移すことが大切です。運というのは、色々な条件が重なってそういう結論を生むものでしょう。運は風に乗ってやってくるわけではないので、運を引き寄せる努力を相当積まなければならないと思います。先行投資をどれだけしてきたかってことです。仕事上のノウハウしかり、人間関係にしても、そうでしょう。揺るぎない信頼関係って、一朝一夕にして築けるものではありません。運とは、そうした地道な積み重ねをしてきた人に与えられる特権だと思います。

～取材を終えて～

高城社長、ありがとうございました。二月に東京でお会いして以来、二度目のご対面でしたが、本当に、社長とお話をすると元気が出ます。取材からの帰り、小倉から乗り込んだ新幹線の車内で思わず鼻歌が出ました。♪小倉生まれの玄海育ちィ～海も荒いが気も荒い…。

終始、楽しくお話しさせて頂きましたが、特に新工場の構想について話をされる時の高城社長の目はキラキラとして、声のトーンも上がっていました。この時の社長が一番楽しそうに見えました。「吉田さん、工場の敷地内に小型飛行機用の滑走路、サッカー場と野球場とテニスコートを作ります。仕事が終われば、皆でスポーツをして汗を流し、気の合った仲間達と北九州の上空を夜間飛行したりする。もちろん市民の方々にも広く開放することで、地域に根差した企業活動を行っていく。そんな活気あふれる工場を将来建ててみたいと思っています」。みなさん、どうですか、この高城社長のパワー、びっくりしますよ。

ところで高城社長、新工場の中身についてお聞きしませんでしたが（笑）。ということで、このお話は次回に取っておくことにします。このように高城社長の夢はどんどん大きくなるようです。あかん、僕も負けてたらあかんと、発憤した吉田でした。

再起に賭けた人たち——*Vol.3*

ブックオフコーポレーション㈱ 代表取締役社長 坂本孝 × 吉田雅紀

フランチャイズ制の導入で古書業界に大衆化という変革をもたらす

1940年、甲府市生まれ。オーディオ販売店の出店、中古ピアノの販売を経て、'91年、ブックオフコーポレーションを設立。古書業界における新しいマーケットを確立し、注目を浴びる。『ブックオフ』の総店舗数は現在、海外を含め660店舗を擁するまでに成長。

http://www.bookoff.co.jp/

古本業界に一石を投じる

――創業からわずか十年、ブックオフコーポレーションさんは今、加盟店を含め全国に六百を超えるショップを展開されていると伺っていますが。

坂本 六月末現在で直営店百三十五店、加盟店五百二十五店のトータル六百六十店になります。また、一九九八年に海外一号店をハワイに、次いでニューヨーク、ロサンゼルスと出店を進めています。

――坂本社長は、ブックオフを創業される前に別の事業をなさっていたそうですね。

坂本 ええ、転々とね（笑）。オーディオショップの経営に失敗して、中古ピアノの販売を始めましてね。当初は新品を扱いたかったのですが、既得権益の問題から断念し、独占権が離れた中古を扱うことにしたわけです。中古ピアノは機能自体は遜色ないのですが、外側がちょっと傷んでいたりしますよね。それをリフレッシュ、リメイク、そしてリペアするのです。きれいにすることが付加価値を生むという点では、今のブックオフと共通しています。この事業は大成功しました。ところが、ピアノの中古販売も、マンション住まいの家庭が増えるなど住宅事情の変化を受けて徐々に需要が減っていきました。

そんな折、横浜でコミックを定価の半額で売っている戸板販売に出会ったのです。その周囲には人だかりができており、ピアノの中古販売で培ってきたノウハウを採り入れれば、チェーン展開も夢ではないと思いつきました。その時、本ではなく、家具の中古に出会っていたなら、今の仕事は家具屋になっていたかも知れません（笑）。

――新品ビジネスには利権の構図があると、だから中古ビジネスに着目したというわけですね。中古ビジネスであれば、取り扱う商品にはこだわらないということですか。

坂本　そうです。どうしても本を扱いたかったというのではないんですね。実は、本は特別好きじゃない（笑）。私にとって本は読むものではなく、売るものですから。

――既得権益なんのその、業種は変わっても中古ビジネスという業態を変えず、マーケットに割り込んでいく坂本社長のパワーには圧倒されます。しかし、昔体質の古本業界にどのような形で参入されたのですか。

坂本　商品が違えば、その流通の仕組みも違うわけで、ハタと困りましてね。神田の古本屋さんを訪ねました。ところが古本屋でチェーン展開ができるわけがないって、一笑に付されました。まずは組合に入らないと商品が回ってこない仕組みになっているんですね。競り・入札によって商品を仕入れるわけですが、仕入れ値の五％を手数料として組合に支払います。仕入れの際には、店を特化するためにジャンルを揃えることだと、教えて頂きました。まずは丁稚に来いって、そうでないと店を出すなんて到底無理だろうと言うのです。しかも、丁稚で入って一人前になるまでに十年はかかるって言われました。当時、私は五十歳になっていましたから、これはダメだって。昔の仕組みのままではいつまで経っても古い体質から脱却できず、追い越すことなんて到底できそうにもない。これは独自の仕組みを作らなくてはならないと思いました。

消費者にも分かりやすい仕組みを構築

――今、気が付きましたが、古本屋って昔から存在していたし、新古書も雑本も売っていたんですよね。しかし、ブックオフさんとのイメージとはあまりにかけ離れていて、全く別の業種のように思えます。

坂本　仕組みという部分では全く違っていますね。私はこの事業を始めるにあたって、回転寿司が生まれた名古屋まで出向いて仕組みを見てきました。売るものは違っていてもどこかにヒントがあるはずだと。当時は回転寿司が流行り出した頃で、本来寿司屋を開こうと思えば職人としての数年にわたる修業が必要ですが、回転寿司のシステムを活用すれば誰でも今日明日から寿司屋になれるわけです。そのロジックでいけば、仕組みさえ変えれば素人の私でも本が売れると思ったのです。

そこで、本の価値判断を素人でもできるような基準にする必要がありました。それぞれの本の内容も素人では分かりませんから、まず状態がきれいであることを前提に、発行されて間もない本を揃え、新刊書店に近付くようにしました。売り手と買い手がそれぞれ希望する価格には、三割の差があると言われています。つまり、価格に関しては引っ張り合いになるんです。そこで、価格は定価の半額を実現しようと考えたのです。結局、現在のシステムを構築するにあたっては、徹底的にミーティングを開きました。これまでにない業態の店ということで、コンサルタントも会社の顧問もいませんでしたから。銀行に借入れを申し込んでも相手にしてもらえませんでしたよ。

――売りと買いを上手くセッティングしたシステムにするのが難しかったのでしょうね。でも、一旦構築されれば、その独自のシステムが強みになり、六百六十店舗にまで広げることができたというわけですね。

坂本　事業の拡大を支えた要因は、三つあります。一つは、経営コンサルタントの意見を聞かなかったことです(笑)。コンサルタントは、既に存在しているものの仕組みを作っていくのは得意ですが、私共のケースでは既存の業態になかったものですからね。二つ目は、大企業のやり方には発展の原動力は殆どないと思っていて、全く違った視点で独自の方法を考え出せた点。そして三つ目は、仕組みをごくごくシンプルにした点。

ブックオフでは、通常定価の半額で売っています。表紙に貼ってあるラベル、シーズンラベルと言っているんですが、三カ月に一度替えるようになっています。三カ月以内に売れた場合、定価千円の本が五百円になり、「安いっ!」って言ってお客様が喜んで買ってくれたということでしょう。逆に売れ残ったということは、五百円は高いってお客様が判断したと捉えるんです。そこで、シーズンラベルが過ぎると値段を下げます。じゃあ、三百円にしようかというのでは中途半端でしょ。ですから一律百円にします。

――一店舗の中で、一物二価の発想って凄いですね。このやり方ですと、コンピュータで単品管理できないのではありませんか。僕は以前、フランチャイズ店を展開していた経験があり、バーゲン時の価格をPOSで管理しきれなかった経験があります。

坂本　そうでしょうね。私共の場合、創業時に資金がなく、コンピュータ・システムを導入できなかったということもありますが、単品管理をしない商売をしていきたいと思っているのですよ。もっと単純に捉えています。時期が来れば、ラベルを見て値段を落とすだけです。値付けを誰が決めたのかなんて、お客様にとっては無関係でしょ。これまでの古書店の値段というのは、店側が売りたい価格であって、お客様が買いたい価格を考慮していないんじゃないかと。そこで在庫が五冊以上あれば、状態の悪いものを選んで六冊目から値段を下げる。気分よくきれいな本を買いたい人は定価の半額で、お金のない学生さんなどは、百円コーナーで買って頂ければと。さらに、入荷から三カ月経った商品も同様に価格を下げます。いずれも、一律百円です。パート・アルバイトでも一週間でこの仕組みが分かってしまいます。面白い現象がありましてね。この方法を導入後、しばらくすると百円に下がるのを待って買っていかれるお客様も出てきました。

――スタッフだけではなく、お客様が仕組みを理解してしまったということですね。

坂本　ええ。そうじゃなきゃ、こういう仕事はダメだと思っています。初めて行った高級寿司店で、精算の時に、「ではお二人様で一万八千円になります」なんて言われても、納得できないでしょう。内訳が分かりにくいからです。その点、回転寿司なら皿の数で分かるわけですよ。よくビジネスモデルがどうのという話が出てきますが、結局は消費者に値段が分からないようなモデルはダメってことです。

お客様第一主義の先に顧客満足はない

――組織がこれだけ大きくなると、スタッフの意識統一も大変だと思いますが。

坂本　スタッフにはお客様優先、お客様第一主義などということは言わないようにと伝えています。会社が成長を遂げたとしても、働く人の心はそれでは付いてきてくれません。トップの人間が、私欲を肥やしたいってギラギラさせながら、社の方針としてお客様のことを第一に考えようなどという、まやかしを言うものだから会社がおかしくなるんですね。私共では『社員第一主義』だと言っています。社員を大事にすれば、働いている人たちが生き生きと輝いてくる、頑張ってくれる。それを見たお客様が元気になり、とても明るくてよい店だと感じ、また足を運んでくれる。リストラという首切りをどんどん進めている会社に顧客満足が実現できているのでしょうか、疑問です。私は、社員満足があってはじめて顧客満足があると思っています。

過去の成功のステップが通用しない

――あきない・えーどの相談窓口に来られる方の中に、以前の会社で数十年培ったことをベースに商売を始めようとされる方が多いのですが、それを一旦捨てて一から方法を構築した方が、成功の確率は高いですよとお話しさせて頂いています。そういう意味で言うと、過去の成功のステップが通用しない世の中になってきていますね。その辺り、坂本社長はどのようにお考えですか。

坂本　ライフサイクルが短くなって、パラダイムが変わってきています。これまで常識としてきたことは通じない、というところから始めないと。私が神田の古書店で働いてノウハウを身に付けようとしていたら、今のブックオフは存在しなかったでしょうね。今までやってきた常識を捨て、行動しながら考えなくちゃ。

――リサーチしてマーケティング調査してなんて言っていたら、網を投げた時には魚がいなくなっていたってことも。あきない・えーどでビジネスプラン・コンテストをしていますが、ビジネスプランを書くのが上手な人が通ったりします。そこで、実行力を問おうということで入賞すれば半年間プランを実行させなければならないとしたんですよ。まず六十日目に審査を行い、プラン通りにできていなければその場でエンドです。

坂本　私も大学でベンチャー支援をしています。学生ブックオフを推進しており、経済学や経営学という机上の学問ではなく実践から始めようというわけです。大学の体育会はスポーツ選手を養成する場でしょ。文化系にもそういうチャンスがあってもいいんじゃないかと思ったわけです。資金提供を弊社でして、学生に代表者になってもらい、会社を創って人を集め、資金繰りを考えて経営をしてみてごらんってことです。校内では問題もあるので、大学の近くに物件を見つけてということになります。最初は苦労するでしょうが、お金のありがたみが分かる、一万円の尊さが分かる。また、自分が採用したスタッフが、我が子のように可愛く思えてくるでしょう。そうして人の育て方を学んでいきます。悩む前にとりあえずやってみればいいんです。やりながら考えれば、力がつきます。汗をかいたら知恵が出るし、最初に知恵を出そうとするからダメなんです。順番が違っていますよ。

――同感です。大学でＭＢＡを取得してマネジメントやマーケティングを勉強すれば成功の確率が上がるかというと、僕もそうではないと思っています。成功の法則を大学で教えられるのであれば世の中、成功者だらけです。失敗してもそこから学んだことが、その人なりの法則になっていくものだと思うんです。

坂本　失敗してもそれをかっちり分析できればいいんです。「失敗してみろ！」、そこから経営者は始めなければならないと思います。失敗して再度立ち上げたなら、今のブックオフの何十倍もの可能性が出てきますよ。

～取材を終えて～

「吉田さん、何をお話しすればいいか言って下さい。その意図に合わせて、ちゃんとストーリーをつけて分かりやすいようにお話ししますから…」という坂本社長の言葉でこの対談は始まりました。そして、僕が取材の目的を説明すると、「ハイ、分かりました。それでは…」と、坂本社長のこれまでの紆余曲折の歩みを人生観を交えて語られていきました。

坂本社長、怒らないで下さいね。その語りは、僕には古典落語を聞いているような心地よい印象でした。「うんうん…」と聞いていると、ころよいところでオチが入って、笑いが…。そして一息つくと、次の話題に移っていく。お話がお上手ということもあるのでしょうが、坂本社長の経営スタイル、商いの考え方が見えたような気がしました。それはストーリー性を大事にされているということです。理に適っているというか、誰でも分かる成り立ちになっている。お話の中に、幾つもの『なるほど』があり、ブックオフ成功の秘訣はここにあるように思いました。坂本社長、また、機会がありましたら、ブックオフの一席を是非ともお聞かせ下さい。ありがとうございました。

第6章

再起に賭けた人たち――Vol.4

㈱日本アシスト 代表取締役社長 桂幹人 × 吉田雅紀

グループ売上げ七十億円の事業を整理
どん底まで来たら、後は上るだけ

1953年、八尾市生まれ。日本視力管理システムなどの会社経営を経て、'87年日本アシスト設立。今やグループ企業の年間売上高約70億円を誇る。中でも経営コンサルタント部門における活躍は有名で、156社中154社を再建させるなど『ナニワのスゴ腕再建屋』の異名を持つ。

http://www.n-assist-g.co.jp/

サムライ族には期待しない

――今、グループ企業として成長されていますが、主にどのようなお仕事をなさっているのですか。

桂　現在グループ会社として四社を擁し、グループ売上げは七十八億円を達成しております。事業内容としては、企業のコンサルテーションを主体にしたトータルアウトソーサー、つまり、記帳代行、人材派遣、リアルコンサルテーション、アウトプレースメント、生産工程請負、営業・販売代行などになります。生産工程請負とは耳慣れない言葉かも知れませんが、派遣事業から進化した事業で、企業内のアウトソーシングにあたり、技術者を派遣するだけに留まらず、企業内下請けという形で生産工程の丸々を私共で請け負うという仕組みになっております。徹底的に工程を分析、生産性アップに取り組んでおり、大変好評を戴いているのですよ。

――桂社長は、『ナニワのスゴ腕再建屋』という異名をお持ちですが、多くの企業経営者と接点を持たれる中で、相対的に今のベンチャー企業家に足りないものって何だとお感じですか。

桂　会社再建のアシストをさせて頂く中で感じるのは、いつまでにどうしたいという近未来像が、経営者自身描けていないケースが少なくないということです。そうした目標がなければ防御策も対応策も講じることはできません。そういう経営者に限って、こちらの提案に対して「理論にないやり方だから」なんて言ってくる。着地点が示せない経営者に、従業員が付いていけるわけがありません。

そして今の若手起業家に関して言えば、大脳の、しかも脳みその皮一枚だけでものを考えているって感じがします。もっと、腹を練らなあかんって言いたいですね。分かりやすく言えば、私にとって「腹」というのは、どぶ板なんですね。若い頃は、どぶ板に這いずって仕事をしながら力を付けたものです。財務・経理関係はもちろんのこと、営業力や人の心を読む術を磨いてきました。事業を継続していけば山もあるし、谷もあるわけでしょう。そこから這い上がってくる力は、この腹やと思うんですね。自分自身が駆け出しのベンチャー企業家だった頃を思い出すと、その未熟さに顔を覆いたくなりますが、今のベンチャー企業家の多くは、どぶ板の経験がありませんから、つまずいたら二度と起き上がってこられないようなひ弱な印象を持ちます。抵抗力がないから、危機に弱いんですね。

――桂社長は当初から独立願望がおありだったのでしょうか。

桂　いえ。代々商売人という家に生まれたものの、全く考えていませんでした。最初に就職したギフト会社で、出荷梱包を担当していたのですが、たまたま営業に向いていると言われまして。褒められたことが嬉しくて、本領を発揮、二年目にはトップの成績を収めるまでになり、商売の面白さを知ることとなりました。一旦決めたことはトコトンやる性格で、トップを取ったら会社を辞めるって決めていたんですね。マイナス成長の厳しい中、全社売上げ六十億円のうち、十二億円を個人で達成しました。ところが、この頃から上司が私の功績を認めようとしなくなりました。大口の注文を取ってくると難癖をつけてくる上司に、ついに怒り心頭です。気がついたら上司に馬乗りになってスリッパを振り上げていました。サラリーマンには向いていないとつくづく実感しました。そしてもう自分で事業をやるしかない、しかも全くの異業種に目を向けようと思ったのです。

――その異業種が、視力回復センターのチェーン展開だったわけですか。

桂　そうですね。当時、近視の人向けの視力を回復させる機械があったのですが、知人からその機械のセールスを勧められたのです。このまま機械を売るだけではだめだが、売り方を考えれば商機になるって確信しました。それで視力回復のためのトレーニングセンターを創って定期的に患者さんが通ってくるようなシステムにすれば、機械もシステムそのものも商品になると考えたのです。銀行から何とか融資を取り付け、日本視力管理システムという会社を立ち上げ、チェーン展開に乗り出します。最終的には北海道から九州まで三十六店舗、視力回復センターとの連携を考慮し、別部門としてコンタクト・クリニックも開業しました。社員数は百三十人になり、事業規模は七十億円にまでなっていました。当時は、マスコミに取り上げられたりして、ベンチャーの旗手だのカリスマ社長などと持ち上げられていた時期です。

――その成長株の企業がなぜ、倒産に追い込まれることになったのでしょう。

桂　通期で七～八億円の利益がありましたので、経営が困難になったわけじゃないんです。新規出店を少し急ぎすぎたのが誘因で、サムライ族を信用し過ぎたのが原因でしょうか。かく言う私も経営コンサルタントをしていますが、弁護士やコンサルタントに何も期待しないというスタンスでなければならないとその時に教えて頂きました。ストーリーや計画は自分で立てて、士業の先生方には判子を押してもらうっていうレベルのお付き合いにした方がいいと考えています。実は、借入れを増やしたくなかったため、十日払いを月末に変更できないかという相談をしただけなのが、話が大きくなってしまったんですね。それで危ないかもしれないという噂が一気に広まり、債権者が押し寄せてきたのです。続けることはできたと思いますが、とにかくマーケットが混乱し、営業ができない状態になりました。それで、会社を任意整理することにしたのです。

どん底まで来たら、あとは希望しかない

――失敗経験が桂社長に教えてくれたことって何でしょうか。

桂　実は視力回復センターが、ことのほか規模が拡大したことで、ここまで会社を成長させたという自負もあった反面、めちゃくちゃ怖かったんですね。三十一歳とまだ若く、勢いだけで突っ走ってきたところがありましたから、気がつくと会社が自分の身の丈を超えてしまっていたんですね。眠れない日もありました。恐怖

心という見えない敵と戦うがごとく、働いて働いて、精根尽きていたところに倒産劇でしょう。私は性格上、中庸を知らないんです。右か左か、やるかやれへんか、やると決めたらとことんやる。だから引くと決めたら潔かった。ところが実際会社を整理することになり、倒産ってこんなに大変なことなんだって身に染みました。三十六店舗を店じまいするのに一年近くかかりました。家も自慢の外車も手放すことになり、その外車ディーラーさんが不便でしょうからって国産の中古車をくれたんですね。それで債権者の方には申し訳ない話ですが、家族旅行に行きました。すると、自分の肩も心も軽くなっていることに気づきました。見栄さえはらなければ、こんな生活もいいなって、小さな幸せを感じていました。家族は非常に辛い思いをしていたのですがね。

――打たれ強いって桂社長のような方を言うんでしょうな。

桂　何もかも全てなくしているわけですから、あと自分に残されているのって、希望しかないわけです。どん底にいるんですから、あとは上積みしかないでしょう。もう一度、一から構築できることに、不謹慎かも知れませんが、非常に喜びを感じ、その夜は眠れなかったのを覚えています。

実は、倒産したのが十二月、翌年の二月にはカレー屋を始めていました。借金や倒産を苦に自殺を選択する人がいる一方で、私は会社整理をしながらカレー屋の経営です。精神的なタフさがあったんですね。人様にあれだけご迷惑をおかけして、それでも頑張れる精神的な強さが社長には必要なのでしょう。

カレー屋からコンサルタント業への転身

――カレー屋をオープンするにあたって資金はどうされたんですか。

桂　手元には当面の生活費である五十万円しかなく、保証金なしで店舗を貸してくれる所はないかって聞き回りました。当然ですが、「なめとんのか」って門前払いです。それでも諦めずに探していたらあるボロボロの倉庫を見つけるんですね。この物件を見せてくれってお願いしても戸も開かない状態で、法務局で持ち主を捜したら、近くの割烹屋さんだと分かりました。貸してほしいとお願いに行きましたが、当然、断られました。しつこく日参しましたら、保証金も何もいらないと言ってタダで貸して下さいました。内装は、視力回復センターでお世話になった内装屋さんにお願いしました。「カネはない、将来払えるかどうかは分からへん。でも払う気だけはある」って（笑）。結局、五百万円はするだろう内装を原価割れの二百万円でしてくれました。彼は恩人です。開店資金は友人達が出し合ってくれました。一カ月目で軌道に乗せれば大丈夫だってことで、駅前でチラシを二万枚手配りするなど必死に頑張りました。もちろん、味が勝負なので、大阪中のカレーショップを片っ端から食べ歩いては試作を繰り返しました。これが大当たりで、瞬く間に人気店に。ところが肉体労働の後のご飯が美味しいという魅力はあったものの、次第に物足りなさを感じるようになりました。そんな折、店を譲ってほしいという人が現れたんです。買値は一千二百万円。それは、開店から半年後のことでした。

――これだけの行数では収まらないドラマチックなお話ですね。普通ならばくじけそうな状況にあって、それを逆にプラスに変えてしまう秘訣を教えて下さいますか。

桂　私は学生時代に野球をしており、ピンチの裏にはチャンスがあるって身体で知っていただけですよ。だから、ピンチに陥ったとしても、落ち込むことなく次のチャンスに備えようと思えたわけです。ところが視力回復センターの倒産によって、ピンチとチャンスは実は同時に来ているって分かったんですよ。倒産というピンチを迎えた時、周りには鬼みたいな奴しかいない。チャンスを探しても見あたらない。よくよく周りを見渡せば会社整理に奔走してくれた税理士さんがいたんです。お金がないだろうからってよく食事に連れてくれて、その都度、禅や陽明学、孫子の兵法などについて教えて頂きました。禅道場にも二年通いました。この禅との出会いは大きい。今でも時々、座禅を組んでいます。その方がカレー屋を閉める時に、記帳代行業をやるように勧めてくれたんです。それが日本アシストを興すきっかけとなりました。滑り出しは全く儲からなくて、それでも一生懸命続けました。この時に徹底して経理をマスターしたことは、コンサルタントとしての成功にあたって大きな礎になったと思っています。そして今度は、商工会議所の経営指導員が人材派遣業の免許を取るように進言してくれました。この二本目の柱となる派遣業によって、会社は息を吹き返すことができたのです。振り返ると、窮地に立たされた時、多くの人に助けて頂きました。これは幸運以外の何物でもありませんね。

規模だけが会社の値打ちじゃない

――今後の日本アシストさん、そして桂社長は一体どういった方向に突き進んでいくのでしょうか。

桂　やりようによれば今の五倍、十倍と事業を拡大していくことは可能だと思います。でも、私の今の目標は会社の成長にはないんですね。今のビジョンとしては、人によい影響が与えられる人間になりたいってことですかね。実は、女性ばかりで運営しているグループ会社があります。非常に頑張っていまして、彼女たちはこれ以上会社の規模を大きくしたくないって言うんですよ。でも生き生きと輝いていて「今の状態が幸せなんです」って言われた時、勝てないって思いました。全員が自分の居場所があるという快感を感じ、事業スタンスや着地点といった共通の価値観を持っている会社って強いです。経営者がよく、全社員に愛情を注いでいますなどと言いますが、それは嘘だと思います。私などは感情の人間なので、自分の好きな社員は可愛い。そんな価値観を共有できる仲間とこれからも仕事がしたいし、一緒にいたいと思っています。そういう姿勢なり環境で仕事ができることが理想ですね。

～取材を終えて～

まいどです。いつもお世話になっております。ボルト？　ベルト？　ラベル？　ちがった、レベルは違いますが、同い年ということから勝手ながら桂社長には昔からの友達みたいな親近感を覚えてしまいます。

桂社長がおっしゃった「ベンチャーとかいう若造が、脳みその皮一枚で経営しとる」、今回の対談での僕のヒットワードはコレです。ガハハハ！　全くその通りですよね。また、前回お会いした際のヒットは「吉田はん！サラリーマン社長やったら、まだ許すけど、『日直』みたいな社長ばっかりですわ～。これではあかんです」、これです（笑）。日直という指摘の仕方には驚きましたけど、分かるような気がします。このようにみんなが遠慮して言わないことを一刀両断、ズバッと桂流でおっしゃるから分かりやすくて面白い！　もちろん、的を射た指摘をされるので言われた方はドキッとするが、ぐうの音も出ないわけです。

これからも桂流「オレに言わせろ！」で、関西の日直経営者にどんどん『喝！』を入れて下さい。ありがとうございました。

再起に賭けた人たち——Vol.5

プロサイド㈱ 代表取締役社長 椎名堯慶 × 吉田雅紀

『オンリー・ワン企業』から『オンリー・フォー・ユー企業』へ転身

1943年、千葉市生まれ。'70年、日本初のパソコンメーカー、ソードを設立。一般ユーザー向けの市場を開拓、一躍業界の旗手となるが、大手メーカーの参入を契機に経営不振に陥り会社をバイアウト。'87年プロサイドを設立、「プロの立場に立った商品を提供する」をモットーに躍進中だ。

http://www.proside.co.jp/

パーソナル・コンピュータのパイオニア

――椎名社長は、一九七〇年に『ソード』という会社を立ち上げられ、大型汎用機の小型化を国内で最初に実用化された実績をお持ちです。大手弱電メーカーがホストコンピュータ、つまり大型の汎用機一辺倒だった時代に、パーソナル・コンピュータに着目された理由は何ですか?

椎名 パソコンという言葉がまだこの世に存在しなかった頃で、アイコンとかミニコンという言い方をしていました。そのミニコンの分野も非常に範囲が広く、価格帯も五百万円から上は何億円もしていたのです。そこで私は、特殊な仕事に就いている技術者しか使いこなせないものではなく、五人に一台の割合で浸透するような一般的なツールにするというビジョンのもと、開発に力を注ぎました。つまり、「電卓と線引きと鉛筆と消しゴム」にしなくてはならない、それこそがパーソナル・コンピュータだと。そこで、価格を一台五十万円くらいまで落とし、OSの言語を一般の方にも分かりやすくしようと考えたのです。

――第一号機はいつ頃、完成したのですか。

椎名 一九七四年です。目標の五十万円まではいかなかったのですが、他社大手メーカーで一千万円していたコンピュータを、ハード・ソフト込みで百五十万円で市場に流すことができました。

――他社の十分の一ですね。まさに価格破壊ではありませんか。それだけの価格差が生まれた要因はどこにあるのでしょう。

椎名 そうですね。既存の大手コンピュータ会社が技術革新を怠ったのが要因だと思われます。マーケットを支配していましたから、新商品の開発に躍起とならずともよかったのでしょう。その点、私共はベンチャーでしたから、不断の技術革新を行い、世界に先駆けてマイクロプロセッサーにソフトを搭載することに成功したのです。これが大幅なコストダウンを生み、顧客層を格段に広げることができました。

日本で二十七％のシェアを獲得するまでに急成長

――一九七〇年代と言いますと、パソコン市場にはアップルとソードしかなかったと記憶していますが。ほぼ、独壇場ですね。

椎名　お陰様で、一時は国内において二十二％のシェアを獲得するまでになりました。松下電工さんがバーコードリーダーを使った物流システムを開発されることになり、バーコードリーダーをつなげるコンピュータにソードのマイコンが採用されたのです。これも測量・計測・計量の関係会社を中心にして大変な勢いで売れました。次に七八年、スプレッドシート（計算式のフォーマット）を開発、七九年の終わり頃から販売に乗り出し、人事・経理・在庫管理に適したソフトであるという評価を戴き、二十七％までシェアを伸ばす大ヒット商品となりました。

――技術者向け仕様のパソコンを一般ユーザー向けにシフトされた。それが時代のニーズにも合ったのですね。しかし、開発速度の点からも同業他社からは群を抜いていたのではありませんか。

椎名　当時の流れからすればそうでしょうね。一商品を開発すると、だいたい二～三年はその商品だけで従業員を食べさせていくことができたのです。今は、八カ月くらいのサイクルで新製品が市場に出てきますから、それを思うとよい時代でした。

たとえば、Ａという一つの商品を開発し、売り始めて二～三年はその商品が稼いでくれます。そしてＡが利益を生んでくれている間に次の商品Bを導入。このAとBが持つ市場性が同じ規模ならば、この間の売上げは倍になります。さらに、Aの威力が減少傾向に陥った頃に次の商品Cを投入するわけです。Aが1、Bが1の力を持っているとすると、Cは2の力が必要になりますが、こうした図式で研究開発を続けていくと倍々で売上げを伸ばすことができました。

——まさに、ベンチャービジネス成功のスタイルそのままですね。

椎名　ええ。しかし、今はそういう形での成長は難しいでしょうね。ライフサイクルが短くなっていますから、多額の開発費を投じて新商品を開発しても市場における寿命は一年にも満たないんです。そのスピードについていこうとすると、市場に乗っている時間が限られますので、当然売上の規模も小さくなります。最悪、コストを回収できないってことも出てくるわけです。

——なるほど。では、営業販売はどのようになさっていたのですか。

椎名　ソードは研究開発型の企業ですから、商社とのタイアップで販売経路を確保していきました。七七年からは海外進出をスタート、最終的には世界各地に三十を超える子会社や関連会社を抱えるまでになりました。この段階で年間売上げ二百億円を達成。八四年三月期決算では、本体二百二十億円、グループで百三十億円、総額売上げ三百五十億円にまでなっていました。

——破竹の勢いといった感がありますが、当時は上場を予定されていたそうですが…。

椎名　八四年十月に上場する予定でした。ところが、雲行きが変わってきたのです。それまでのパソコン・マイコン業界というのは、ソードとアップルのいわば独占市場であったわけですが、七八年にNECさんがPCの88シリーズを投入したのを皮切りに、パソコン市場に大手コンピューターメーカーが一斉に参入してくるようになったのです。私はその時、一人舞台にあった自分が暗転の中にいることにまったく気づきませんでした。

上場を目の前にしながらのバイアウト

――当然、このまま倍々成長をしていくものだと思っていらっしゃったわけですね。

椎名　研究開発力で既存企業を追い越し成長してきた企業でしたから、疑いを持つこともなく、当然のように思っていた部分があったのかも知れません。ところが上場準備に入った頃から経営不振情報や根も葉もない噂が流されるようになり、最悪なことに半導体不足で必要なパーツが入ってこなくなりました。結果として受注をキャンセルせざるを得ないという状態が続き、本体売上げも二百二十億円から百八十億円にまで急落。当時の勢いから申しますと、危機的状況とも言える大変な落ち込みでした。

――ベンチャー企業というのは、それこそ既存の業界をかき乱す存在でなければ成長しないものでしょうが、出る杭は打たれるではありませんが、当時のソードは、既存企業にとっては大変な脅威だったに違いありませんよ。

椎名　ええ。周囲の関係企業の社長からは、このままではソードはつぶされてしまう、そうなる前に手を打つべきだとアドバイスを戴きました。それでバイアウトを具体的に考えるようになったのです。そして八月に決意を固め、十二月に東芝にバイアウトしたという経緯です。

――別の方向性、つまり継続の道というのは全く考えられなかったんでしょうか。

椎名　たとえ、続けることができたとしても、一年か或いは半年。これだけ拡大した事業規模になりますと、判断を誤って倒産ということにでもなれば、取引先や株主、お客様、社員と、そのダメージは多大なものになったでしょう。それらを総合して考えた場合、バイアウトというのは一番よい選択肢だったと思っています。

私は、事業そのものをバイアウトしなければならなかった経緯については失敗、売ったことは成功だったと思っており、満足していますよ。

当時のソードは暗闇にあったロウソクの灯だった

――失敗の要因はどの辺りにあるとお考えですか。

椎名　そうですね。一番大きな要因は、当時の私は、経営者であるにもかかわらずソードが暗闇の中のロウソクでしかないということに全く気がついていなかったんですね。ロウソクの光でも暗闇では明るく見えますが、蛍光灯がついた瞬間にロウソクの灯は見えなくなってしまう。大手弱電メーカーが巻き返しを図ってきて、蛍光灯をパチッとつけたわけです。その瞬間、自分はロウソクだったって気づいた。驕りがあったのですね。

あと言えることは、日本の経済界にもっと融合すべきだったと思います。これは今考えると非常に残念です。自分が競合するような企業さんとのお付き合いというのは全くしてこなかったのです。新規参入した後発の私が、先達の方達に可愛がってもらえる存在になろうとはせず、鼻息ばかりが荒い企業家だったように思います。日本の商慣習に馴染もうともしない、確かに驕りもあったのではないかと思いますが…。オールドエコノミーと言われている方達との関係づくりに、努力してこなかった点については経営者として反省しなければならないですね。

――日本の商慣習に融合していたなら、今頃はどうなっていたとお考えですか。

椎名　そうですね。逆に日本の文化に融合していたら、十五年というスピードであれだけのことはできなかったと思います。

プロサイドとして再起する

――現在の会社、プロサイドを興そうとお考えになったきっかけは何なのですか。

椎名　バイアウト後、東芝に移り、パソコン事業に従事していましたが、軌道に乗った時点で退社し、もう一度自分のやりたいことができる会社を興そうと思ったのです。ソードは、ソフト・ハードの合体、プロサイドは完全にハードに徹した会社です。ソードは技術革新の会社、常に新しいものを目指してきた『オンリー・ワン』のオリジナルな技術で勝負する会社でした。一方のプロサイドは、世の中にある標準技術をうまく組み合わせる、つまりコンポーネントの組み合わせによってオリジナリティのある標準技術を提供していくという『オンリー・ワン・フォー・ユー』をコンセプトにしてきました。

――ではお話の締め括りに、椎名社長としての、そしてプロサイドさんとしての今後の展望についてお聞かせ願えますか。

椎名　自分の人生を振り返ってみると、十五年サイクルで転換期を迎えているんですね。七十年代から八五年までの間は、パソコン業界において一つの時代を築いたと自負しておりますし、八七年から二〇〇〇年まではプロサイドとして新たな時代を築いたつもりです。ただ悲しいかな最初に創ったソードほど大きくはできませんでしたが。そして、二〇〇二年を迎えて、次なるステップの時がやってきたと思っているのですよ。

そこで今後は、中小企業のＩＴ化を応援していきたいと思っています。ＩＴを上手く活用できていない中小企業が多い中、ＩＴ化支援並びに各種システムの構築等、最適な方法を提案するコンサルティングができればというわけです。これには事前準備が必要なので、あと二～三年先には実現させたいですね。

～取材を終えて～

椎名社長は、昭和十八年生まれ五十九歳の根っからのアントレプレナーです。僕から見れば、大々先輩です。その椎名社長がソードをバイアウトした時のお話で、「会社を売ることになった経緯は私にとっての失敗だったが、売ったことは成功だった。その時点で一番良いソリューションを選んだ自信はある」と静かな口調で語っておられました。僕にはこの言葉がとても印象的でした。

一九八五年、この年は椎名社長にとって激動の一年でした。株式の公開準備から一転してバイアウトへの方向転換。その年の十月に会社を大手電機メーカーに移譲されます。この時の経緯を椎名社長は淡々とお話しされていました。しかし、社長はさぞ忸怩たる思いをされたに違いないのです。時が経ているとは言え、千載の痛恨事であったはずなのに、超然と構えたお話しぶりに感服。僕は、起業家の真の強さを見た気がしました。この内に秘めたこの強さが事業の底力になるんやと思います。椎名社長は、やっぱり、すごいアントレプレナーです。その椎名社長率いるプロサイドさんは、今年で創業十五周年を迎えられました。

―― あとがき ――

さて僕が何故、あえてベンチャービジネスの失敗を勧めているか、お分かり頂けたでしょうか。

第6章《5人の企業家が語る起死回生の復活劇》でご紹介した磯貝社長は、二〇〇二年四月十五日に民事再生を申し立てておられます。五月十日に開始決定が下りて、今、まさに再建に向けて奮闘されているところです。その磯貝社長からこのようなメールが僕のもとに届きました。五月の半ばのことでした。

（一部抜粋）

世間の風は厳しい、そんな甘いものではないといったことも、ここに来て多く遭遇していますが、自分に対する試練と受け止めて、償いをするためにも力強く生きるべきだと考えております。

当然のことながら、すべてが私社長の責任です。私が悪かったからこのような結果になってしまったのです。経営者として真に甘く経営者失格です。今後は新しい経営改革やシステム改造を行うのは当然ですが、その前に自分の中で何が原因なのか、何が甘かったのかを分析反省をして、同じ轍を踏まないためにも、しっかりと意識化し、それを教訓として再建の道を歩む覚悟でおります。私は民事再生法のもとで再建に一生懸命ですが、テーマとして「人の恨みを残さない」を大前提に努力をしております。今はやるだけのことをして皆様に自分の誠意を示せるかと考えております。

連休に工場へ出向き、平戸工場を除き三工場の閉鎖、社員解雇を断腸の思いで行いました。社員は皆「中国への進出が遅れたのも国内工場の私達を守るがため結果こうなったのだから、私達はむしろ社長に感謝しております。今まで仕事を続けて頂いてありがとうございました。お陰で子どもを大学卒業もさせることができました。社長も身体に気をつけて再建してまた九州に来てください」と涙で見送ってくれました。必ずや再建して皆の涙に報いなければと力強く思いを新たに致しました。平戸市長も再雇用のため借りていた津吉工場を家賃免除でそのまま一年間置いて頂く協力をして頂くことになっています。

再建のためにはまだまだ険しい道です。毎日予期せぬことも起こります。しかし、自分を捨て、守るべきもののために残された人生を燃やしたいと思っております。ご迷惑をお掛けした上、厚かましいお願いではございますが、どうぞ今後のご協力を重ねてお願い申し上げます。


僕はこのメールを戴いた時に、きっと磯貝社長は「再生」されると確信しました。もう少し落ち着かれたら是非ともお話をお聞きしたいと思っていましたが、今でも早いことはないと思い、今回の取材の連絡をさせて頂きました。実は当初第6章は『懲りない面々』というタイトルで行く予定でしたので、その旨お伝えしておりましたところ、磯貝社長からの返信メールに「懲りない面々、まさしく私のことです（笑）。喜んで取材をお受けします」とありました。

僕はこの本で成功についてはほとんど触れていませんが、実は失敗のウィルスが僕達の周りにうようよいるように、成功のチャンスも僕達の周りを飛び回っています。それを掴むか掴まないかは皆さん次第です。そして、そのチャンスの機会はみなに平等にあります。

どんなことにもどん底がありますが、それより下はありません。僕達は裸で産まれてきて、裸で死んでいきます。あの高名な哲学者（？）明石家さんまさんは言っています。「産まれただけで丸儲け」。まったく、その通りです。もし、今の状態が自分にとってよくないものならば、迷わず立ち上がりましょう。何かをするのに「遅い」ということはありません。僕は、立ち上がる勇気を持ったあなたのもとにきっとチャンスという天使が舞い降りると確信しています。

本書を執筆するにあたっては多くの皆さんに助けて頂きました。本を出すというのが、こんなに大変なことだとは思ってもいませんでした。また、本を書くとは何と恥ずかしいことかというのも今回よく分かりました。偉い先生ならばいろんな引出しがあって、引出し一つで一冊書けたりするのでしょうが、僕は自分の持ってるものをみんな叩き出して、搾り出して、やっと一冊書けましたが何だか丸裸になったような気分です。いや、裸どころかお腹の中までみんな見られてしまったような恥ずかしさです。

この難行に最後まで音を上げずに書き終えることができたのは、僕の周りで僕を叱咤、叱咤、激励してくれたスタッフの柳瀬美仁さんと熊倉三重子さんのお陰です。ありがとう。それからとんでもない大阪弁を編集して頂いた国際通信社の宮崎愛子さんには深くお礼を申し上げます。本当にありがとうございました。

最後に、チャレンジ精神を忘れないすべての起業家と彼らの勇気に敬意を表したいと思います。

～著者略歴～

吉田雅紀（よしだ　まさき）

昭和29年生まれ。同志社大学大学院総合政策科学研究科博士課程前期終了。中小企業診断士として経営コンサルタント業や講演活動、論文執筆など幅広く活動。㈲ベンチャー・サポート・ネットワーク代表取締役社長。関西ソーホー・デジタルコンテンツ事業協同組合常任理事、NBKニュービジネスサポートセンター評価委員などを務める。現在、大阪産業創造館「あきない・えーど」所長。

＊（有）ベンチャー・サポート・ネットワーク　URL:http://www.vsn.jp　E-mail:info@vsn.jp

＊大阪産業創造館「あきない・えーど」　URL:http://www.akinai-aid.ne.jp

『ベンチャー失敗の法則～失敗したヤツが成功する』

2002年9月5日第1刷発行

著者：吉田雅紀

発行者：安楽友宏

発行所：株式会社国際通信社

〒550-0012　大阪市西区立売堀1-7-18

TEL 06-6536-0030

発売所：株式会社星雲社

〒112-0012　東京都文京区大塚3丁目21番10号

TEL 03-3947-1021

印刷所：株式会社朝日印刷

定価は、カバーに表示してあります。

落丁・乱丁の本がございましたら、お取り替え致します。

ISBN4-434-01980-5　C0034